Sonja Hofer
In Klausen leben

Technische Beratung: Lesley de Vries

1980

Alle Rechte vorbehalten
© by Verlagsanstalt Athesia, Ges.m.b.H., Bozen
Umschlaggestaltung: R. Prünster, Bozen
Fotolithos: O. Longo, Frangart
Gesamtherstellung: ATHESIADRUCK, Bozen
ISBN 88-7014-171-3

Sonja Hofer

In Klausen leben

Die Kleinstadt — Ein Biotop für Menschen

VERLAGSANSTALT ATHESIA - BOZEN

Die Kleinstadt, ein Biotop für Menschen

Wir wollen hier versuchen, das Bild vom Wesen einer kleinen Stadt zu geben. Es soll keine Aufzählung der Sehenswürdigkeiten des Ortes sein, kein Fremdenführer. Es soll ein Buch für alle sein, für die Bewohner Klausens, für diejenigen, die es vielleicht nur einmal kennengelernt haben — und vielleicht ganz besonders für die, welche es nie erlebten.

Wenn es uns gelingt, werden wir etwas von dem Lebensgefühl vermitteln, von der besonderen Atmosphäre, die ein gütiges Geschick dem Angehörigen einer kleinen Lebensgemeinschaft heute noch schenkt.

Es muß die Betonung auf »heute noch« gelegt werden; denn leider könnte es, nur zu bald schon, anders sein.

Das Leben in Klausen ist provinziell; die Stadt hat 4000 Einwohner. Es steht im Gegensatz zu dem der großen Zentren und Metropolen, wo die Geschichte unserer Tage gemacht wird.

Und dennoch glauben wir, daß dieses Leben besser ist auch ohne gewisse fragwürdige Superlative in seiner individuellen Schlichtheit, die keineswegs Monotonie ist, denn sie wird von vielerlei festlichen Ereignissen unterbrochen, die ebenfalls schlicht sind, und an denen jedermann teilnehmen kann.

Es darf festgestellt werden, daß das Brauchtum und die Kultur der Gemeinschaft mit ihren Höhepunkten noch keinerlei musealen Beigeschmack haben. Noch sind Gefühl und Freude daran so natürlich wie der Sinn für die Pflicht und die Arbeit des Alltages. Und es ist wahr: Trotz gewisser mehr oder weniger nötiger und mehr oder weniger glücklicher Eingriffe ist die herrliche Natur um Klausen noch nicht zerstört.

Wir kommen zurück auf das bereits betonte »heute noch«. Denn leider ist alles, was wir eben beschrieben und lobten, seit — sagen wir fünfzehn bis zwanzig Jahren — gefährdet; und Klausens Bewohner werden ständig mehr mit dem Problem konfrontiert, was sie künftig aus ihrem Ort, ihrem Bezirk, aus sich selbst machen sollen. Es möge niemand meinen, die Leute seien durch glücklose Umstände, etwa finanzieller Art, in Schwierigkeiten geraten. O nein, es geht ihnen materiell besser als früher; es liegt nur daran, daß sie mit ihrem Lebensraum ebenso wie weite Teile der modernen Welt in den Sog eines außerordentlich rasch und radikal um sich greifenden »Fortschrittes« geraten sind, der ihnen gibt und noch mehr geben will ... wofür er allerdings viel Ihriges, viel von ihrer ureigenen Substanz verlangt.

Des Pudels Kern ist nun: Wieviel dürfen sie nehmen — und wieviel dürfen sie geben, um noch sie selbst zu bleiben, um nicht ihre Identität zu verlieren?

Es hat im Verlaufe der Geschichte manch Auf und Nieder für das »Stadtl« gegeben, vielfältiges Glück und nicht weniger Bedrohung.

Aber es blieben hier immer harmonische Verhältnisse vorherrschend, da ein Stück Erde seinen Geschöpfen das Existenzminimum nie wirklich versagte, weil der Mensch instinktsicher mit der Natur in Einklang verblieb, maßvoll seine Bedürfnisse auf sie abstimmte, dazu diese Natur pflegte und es vermied, ihr Gewalt anzutun. — So wurde der Lebensraum Klausen zu einem »Biotop für Menschen«.

Sicherlich war es in früheren Zeiten — nicht nur für die Klausner — einfacher, eine durch Jahrhunderte gereifte Ordnung zu erhalten, war man doch nirgends so leicht unerwarteten, nachhaltigen Veränderungen und Versuchungen, die auch von weit entfernt kommen können, ausgesetzt.

Aber wenigstens genießt der Kleinstädter auch heute in den meisten Fällen Bewohnern großer Zentren gegenüber den Vorzug, selbst übermächtig herandrängende Außenkräfte, wenn er das will, leichter abwehren zu können.

Guten Grund hat das zum Teil darin, daß seine kleinere, übersichtlichere und geschlossenere Gesellschaft viel eher zu wirksamen Verhaltensformen kommen kann, als die große, sozial meist hart zersplitterte, vielen extrem gegensätzlichen Tendenzen zuneigende, also durchaus nicht geschlossene »große« Welt.

Bevor wir uns nun daranmachen, festzustellen, welches Element aus dem Gesamtbilde heutigen Fortschrittes Gedeih und Verfall Klausens besonders beeinflußt — Segen und Gefährdungen sind nicht überall dieselben —, wollen wir der berechtigten Meinung Ausdruck verleihen: Der persönliche Charakter des »Stadtls«, dem wir solchen Wert beimessen — und um dessen Darstellung, hauptsächlich mit Bildern, aber auch in Texten wir uns hier bemühen — kann bewahrt werden.

Klausen hat, wie das seit eh und je in aller Welt geschieht und so auch in unseren Tagen, seine Wandlungen erfahren. Über die ungezählten Gründe, welche diese verursachten und verursachen, über ihr Für und Wider jetzt zu sprechen, würde ins Uferlose führen.

Selbst die Auswirkungen des in den letzten Jahrzehnten gewaltig angestiegenen Zustroms von Feriengästen, welche noch die traditionelle Gastfreundschaft genießen, können in diesem Zusammenhang außer acht gelassen werden.

Wohl aber muß uns die Tatsache zu denken geben — und um die geht es nachdrücklichst —, daß der organisierte Massentourismus ebenfalls Klausen entdeckt hat.

Geschäfte solcher Art liegen nämlich in den Händen äußerst kühl rechnender Großindustrien und werden dementsprechend nüchtern und in Wirklichkeit unpersönlich abgewickelt: Der Reisekonzern liefert nach fixen Verträgen, im Fließbandverfahren sozusagen, Gäste und Gelder. Was er als Gegenleistung zur Betreuung der Gäste am Ferienort verlangen muß, weiß er genau auf Grund seiner Marktforschungen; er hat alles standardisiert (wie ginge es anders?) und in seine Firmenparagraphen aufgenommen.

Quintessenz: Der von ihm »angelieferte« Erholungsuchende erfährt nun eine industrialisierte Gastfreundschaft im Sinne des Reisekonzerns.

Daß die Ausübung einer solchen nicht mehr zum Charakterbild unserer Kleinstädter paßt, braucht wohl nicht unterstrichen zu werden!

Es zeigt sich, daß der Massenmensch der Groß- und Industriestadt — von wenigen Ausnahmen abgesehen — am Arbeitsplatz und zu Hause ein unbefriedigenderes und aufreibenderes Leben führen muß, als der über viel mehr Ellenbogenfreiheit und Muße verfügende Provinzler. Er wird deshalb jede sich bietende Gelegenheit ergreifen, dem Getriebe seiner Alltagsmaschinerie zu entkommen, um auf dem Mutterboden der Natur wieder einmal richtig aufatmen zu können. Nur so lassen sich die immer mächtiger und immer öfter die Provinzorte überrollenden Menschenlawinen erklären.

Zweifellos sehnt sich der Großstädter nach den Lebensräumen zurück, aus denen auch er stammt. Aber leider hat sich die Vorstellung von ihnen oder die Erinnerung an sie — die ihm mittlerweile völlig entfremdet wurden — zu einer fragwürdigen Wunschidylle verklärt. Eben diese haben die Industrien des Massentourismus ganz selbstverständlich analysieren lassen, und sie haben die standardisierten Betreuungsbedingungen für die von ihnen vermittelten Feriengäste danach ausgerichtet.

Einzelne oder Gemeinschaften, die Partner der Großreiseunternehmen sind oder werden wollen, müssen also unbedingt je nach dem Umfang der eingegangenen Verpflichtungen althergebrachtes Gebaren gewerblicher Gastfreundschaft verleugnen, und damit auch das Gefühl, welchen Platz man ihr im eigenen Lebensbezirk einräumen sollte. Sie müssen sich dem vom Geschäftspartner diktierten Klischee beugen.

Wir haben Beispiele in genügender Anzahl vor Augen, wo echte Biotope für Menschen, wie Klausen heute noch einer ist, aus kurzsichtiger Gier, den »Boom« des modernen Massentourismus für die Kasse voll auszunützen, völlig zerstört wurden.

Vom intimsten Kern ihres Heimes angefangen bis zu den letzten Winkeln ihrer Peripherie änderten die Menschen alles — sich selbst mit inbegriffen — für das Fremdenverkehrsgeschäft; das heißt, sie verfälschten sich und ihre Welt.

Ja, sie gerieten — einmal vom Wege guten Brauches und der Vernunft abgekommen — derart über die Ziele hinaus, daß ihnen die Reisekonzerne nun mit Kündigung der Verträge drohen müssen, weil selbst deren simpelster Erholungswilliger bereits die lediglich auf seinen Geldsäckel gierige, rummelplatzartig betriebene Ferienindustrie spürt — von ersehnter Ursprünglichkeit aber, sogar in jener als Kulisse belassenen Natur, nichts mehr.

Nichts ist, meinen wir, gegen maßvollen, neuzeitlichen Tourismus zu sagen, im Gegenteil. Er stellt nicht bloß eine wertvolle Bereicherung vielfältiger, erprobter und krisenfester Wirtschaftszweige und Tätigkeiten des Kleinstadtbewohners dar, und er vermag nicht nur wie diese bestens zur Erhaltung überkommener Werte, sondern auch sehr gut zu einem Fortschritt beizutragen, welcher der Menschen ganzes Wesen samt ihrem Lebensraum erfaßt.

Der direkte Kontakt mit Leuten aus den unterschiedlichsten Gegenden im eigenen Haus, das sich daraus ergebende Kennenlernen als Gast und Gastgeber und ein ungezwungener Austausch von Meinungen und Erfahrungen, das — davon sind wir überzeugt — sollte gute Früchte bringen.

Die Bereitschaft, den unpersönlichen Massentourismus als gute und zeitgemäße Einnahmequelle zu akzeptieren, sollte aber nicht weiter um sich greifen, da die flüchtigen, bloß materiellen Vorteile, die er bringt, durchaus nicht die unwiderruflichen Schädigungen aufwiegen, welche er angestammten Gütern jeder Art zufügt.

Würde der Massentourismus weiterhin in Klausen Fuß fassen, rasch und radikal noch mehr Lebens- und Erwerbsgewohnheiten der Bevölkerung seinen Zwecken unterordnend — wie es vielerorts böse Beispiele zeigen —, wird das heutige Bild des Wesens unserer Kleinstadt bis spätestens in einem Jahrzehnt für immer ausgelöscht sein.

Wir wünschen uns, der Klausner möge nicht die Fehler anderer begehen und zuviel seines menschlichen Raumes und der ihn umgebenden Natur einem falsch verstandenen Erholungsland opfern. Er möge sich nicht als Rückständler empfinden, wenn er diesbezüglich eigenen Gedanken mehr Gewicht beimißt als Computerrechnungen.

Und warum sollte er das erreichen wollen, wovor der Großstädter längst wieder zu fliehen versucht? Nämlich Partner, sprich vertraglich Abhängiger, einer anonymen Großindustrie zu werden, deren Management ihm ewig fremd bleibt, und das er doch nie wird mitbestimmen können. Weshalb soll auch er zum Komplizen der vielen Leute werden, die heutzutage auf dem Weg rücksichtsloser Geschäftemacherei unsere Kulturen und Zivilisationen ausplündern, und vor deren unheilvollem Wirken und Einfluß Philosophen und Soziologen nun täglich in aller Welt warnen?

Es ist überall längst nötig geworden, das Prinzip der geschützten Welt wieder Gesetz werden zu lassen. Es müssen die Gepflogenheiten einer Gesellschaftsschicht zurückgewiesen werden, deren Denken und Streben nicht mehr der Freude am Werk, sondern allein dem Profit gilt — denn sie ist zutiefst dekadent. Was sie baut, will nur Raum für den Körper; die Bedürfnisse der Seele läßt sie außer acht. Sie vermag demzufolge auch nicht Überkommenes zu erhalten, sondern kann mit finanziellen Mitteln nur Fassaden vor dem Einsturz bewahren. Wo sie behauptet und glaubt, für das Brauchtum und die Kultur zu leben, manifestiert sie sich in Wirklichkeit immer vollständiger hohl und in Farcen.

Mit einer solchen Betrachtung sind wir natürlich bereits über die Warnung vor den Auswüchsen des Fremdenverkehrs als Hauptbedrohung für Klausen, den weiter aufblühenden Ferienort, hinausgeraten, zu dem allgemeinen Rat, auf jeden Fall den heimatlichen Lebensbezirk und sich selbst gegen jede Sorte von schädlichen Ein- und Übergriffen zu schützen.

Glücklicherweise haben es unsere Klausner noch verhältnismäßig leicht, die Gefahren der Verflachung, Entwertung und Zerstörung abzuwehren. Etwas Vernunft und gesunder Hausverstand, Sinn für das Gestern, Heute und Morgen können ihnen weiterhin ein glücklicheres, weil richtigeres Leben in ihrem »Biotop für Menschen« bescheren — das zum Wunschtraum all jener werden kann, die drauf und dran sind, ihre innere Existenz zu verlieren.

Aus Klausens Geschichte

Von Klausens Urgeschichte berichten etliche schöne Sagen. Man will vieles wissen, kann es aber nicht beweisen. Die Historiker sind in diversen Punkten verschiedener Meinung, jedoch stimmen sie in einem absolut überein: Nämlich darin, daß Klausen schon in sehr frühen Zeiten eine wichtige Siedlung war. Das kann zufolge der geographischen Lage des Ortes gar nicht anders sein.

Wir wollen uns im folgenden kurzen Text nun strikt an das halten, was die neuesten Erkenntnisse der Landesgeschichte über Klausen als sicher oder höchst wahrscheinlich aufzeigen.

Es ist richtig, die Ortsgeschichte nicht im Tal, sondern in Säben beginnen zu lassen, das auf einem Dioritriff ungefähr 200 Meter darüber liegt und heute ein Benediktinerinnenkloster trägt.

Zufolge einer 1895 aufgefundenen Flachaxt aus Serpentin glaubt man die Anwesenheit von Menschen dort bereits in die Jungsteinzeit datieren zu können. Drei ebenfalls auf dem Felsen ans Tageslicht gebrachte Armringe zeugen für menschliche Bewohner während der Bronzezeit.

Der Name Säben — früher Sebona — spricht dafür, daß hier ein Heiligtum der Räter stand, falls man das Wort ihrer Sprache zuordnen und mit »heilig« deuten darf.

Der Name des Thinnebaches, welcher zu Füßen Säbens in den Eisack mündet, wird auf eine etruskische Gottheit Tinna zurückgeführt.

Man glaubt, 15 vor Christus hätten die anrückenden Römer unter Drusus die Festung (das Heiligtum) der Räter von Pardell her angegriffen und erobert. Danach sei der Lauf des Thinnebaches (oder Kollmann, das ehemalige Sublavione, südlich von Klausen) für über tausend Jahre zur Grenze zwischen Italien und Rätien geworden.

Und wohl nur logisch ist es anzunehmen — wenn auch gewisse Fundstücke als Beweise dafür umstritten sind —, daß Säben selbst zur Zeit der Römer ebenfalls für diese wichtiger Besitz war.

Sehr interessant für die Besiedlungsgeschichte der Gegend wurden 20 germanische Skelette samt ihren typischen Grabbeigaben, die man 1976 aus einem Friedhof der Völkerwanderungszeit im Weingut des Bauern am Säbner Hang gegraben hat.

Für uns gilt heute Säben, in Verbindung mit unserem christlichen Glauben, als der »Heilige Berg Tirols«. Denn hier ist es, wo bereits im 4. Jh. eine Kirche stand. Und hier hatte auch das alte Bistum Säben seinen Sitz, das sich dann im Verlaufe der Geschichte über ein Bistum Säben und Brixen sowie ein Bistum Brixen zum derzeitigen Bistum Bozen-Brixen wandelte.

Ein gewisser Marcianus oder Materninus Sabionensis könnte als erster Bischof auf dem Felsen residiert haben. Später, unter einem vom Patriarchat Aquileja abhängigen Ingenuin, soll Säben um 590—605 zum Zankapfel zwischen Langobarden und Bajuwaren geworden sein. Davon berichtet unter anderem die Sage vom schrecklichen Kampf beim Haselbrunn neben Fürholz und seinem dreitägigen Blutregen.

Nach Festigung der bayrischen Herrschaft, und dann unter Karl dem Großen wurde Säben 798 von der Metropole Aquileja abgetrennt und Salzburg unterstellt. Derselbe Herrscher sowie sein Nachfolger, Ludwig der Fromme, verbürgten sich für Säbens Schutz und Unantastbarkeit. Spätere Kaiser beschenkten es mit Gütern, so Ludwig IV. (das Kind) im Jahre 901 mit dem Anwesen Prichsna, aus dem das heutige Brixen wurde.

Weil Brixen wohl bequemeren Aufenthalt bot als das trutzige Säben, begann bald die Verlegung des Bistumsitzes dorthin. Zur Zeit Bischof Albuins dürfte sie endgültig vollzogen worden sein (um 990). Auf Säben blieb lediglich eine Wacht zurück. Die Bauten dienten erst noch als Sommersitz, später nur als Festung, bis sie im Jahre 1535 durch Blitzschlag in Schutt und Asche fielen.

Rund 150 Jahre danach begann der Klausner Pfarrer Dr. Matthias Jenner die Burgruine zu einem Kloster für Benediktinerinnen auszubauen, und 1699 konnte die Abtei Säben eingeweiht werden. —

Nun zur Siedlung Klausen selbst. Da diese in Dokumenten aufscheint, — siehe die Verleihungsurkunde Konrad II. an Bischof Hartwig um 1027 (hier wird die »clusa sub Sabione sita« genannt), ist sie bestimmt schon sehr alt; wenngleich wahrscheinlich nicht so uralt wie der Felsensitz darüber.

Aber jetzt, geraume Zeit nach der Übersiedlung des Bischofs nach Brixen, beginnt sie sich zu entwickeln. Als wichtigste Zollstätte des Brixner Besitzes wird die »clusa« befestigt. Nach 1202 entsteht die Stadtgasse mit der unteren und oberen Häuserreihe. Die untere findet natürlichen Schutz durch den Fluß, die obere wird mit festen Mauern bewehrt, welche sie in die Verteidigungsanlage der wenig darüber liegenden Burg Branzoll — den Sitz des Säbner Hauptmannes — einbeziehen; spätestens 1222 ist Klausen eigene Pfarre.

Um 1300 gibt es im Ort gar eine Pfandleihanstalt, 1308 wird er erstmalig urkundlich Stadt (»stat«) genannt, und 1428 besitzt die Stadt auch das Jahrmarktsprivileg.

Nördlich von Klausen, außerhalb des Brixner Tores, liegt in der Eisackau der romanische Rundbau der jetzigen Sebastianskapelle (1208/1213), welche zu einem längst überschwemmten und nicht mehr auffindbaren Pilgerhospiz gehörte. Dies ist ein Zeichen für die Bedeutung der Stadt zur Zeit der Kreuzzüge.

Erwähnt sei ebenfalls, daß Klausen von den 66 Zügen deutscher Könige zur Kaiserkrönung nach Rom, wie man mit Recht annehmen darf, fast alle gesehen hat.

Nicht vergessen wollen wir die Anwesenheit des großen deutschen Renaissancemalers Albrecht Dürer im »Stadtl«, der hier während seiner Italienreise 1494/95 weilte. Ihm verdanken wir mit der Ortsdarstellung auf seinem Stich »Das große Glück« das erste Stadtbild.

Sieht man von sehr frühen Zeiten ab, so blieb Klausen im Verlaufe seiner Geschichte glücklicherweise immer außerhalb direkten Kriegsgeschehens. Als 1477 die Türken durch Kärnten bis an Tirols Grenzen einfielen, bereiteten auch unsere Stadtbürger — wie alle Welt hierzulande — die Abwehr vor. Die Gebäude auf Säben erhielten wahrscheinlich damals ihre hohen Mauern, doch konnte man es damit bewendet sein lassen; die Türken gelangten nicht bis hierher.

Selbst die schlimmen Bauernunruhen von 1525 unter dem berühmten Anführer Michael Gaismair ließen Klausen so gut wie ungeschoren.

Erst zur Zeit der Franzosenkriege, um die Wende vom 18. zum 19. Jh., geriet Klausen einige Male in arge Bedrängnis.

1797 gab es Scharmützel in der Umgebung, und am 24. März wurde die Stadt erstmals von französischen Truppen erstürmt, die sie 13 Tage lang besetzt halten konnten. Danach gelang die Wiederbefreiung unter Hauptmann Corneli, an der die Klausner selbst größten Anteil hatten. Neuerlich erlitt die Stadt kurze Besetzung im »Heldenjahr« 1809. Das war auch das Jahr, da der dem Klausner Kapuzinerkloster angehörende Pater Joachim Haspinger mit dem Klausner Landsturm zu den Schlachten am Bergisel und in der »Sachsenklemme« bei Franzensfeste aufbrach.

Nach dem Frieden von Schönbrunn vertrieben aufgehetzte Bauern der Umgebung eine ungefähr 300 Mann starke französische Stadtbesatzung und gefährdeten damit Klausen auf das Schlimmste, denn die bald zurückkehrenden rachsüchtigen Franzosen drohten mit der Vernichtung des Ortes. Nur dem Einsatz besonnener Bürger unter ihrem Bürgermeister Josef von Perlath ist es zu danken, daß dies nicht geschah.

In der zweiten Hälfte des 19. Jh.s erwarb sich Klausen die noch heute gebräuchliche Bezeichnung »Künstlerstadt«. — »Es wurde damals Ziel- und Mittelpunkt einer neuromantischen, schwärmerischen Welle, die dem Städtchen weithin Ruhm und Ruf verschaffte.« (Rampold, Schlernheft »Klausen«, Jg. 1972 Nr. 7/8) — Ausgelöst worden war sie vom Germanisten Ignaz Vinzenz Zingerle, Schloßherr auf Summersberg in Gufidaun (Gemeinde Klausen), »der einen Kreis von Künstlern und Gelehrten um sich scharte, der vor allem im Zeichen Walthers von der Vogelweide stand, dessen Heimat und Herkunft man mit dem Vogelweiderhof im Lajener Ried gedeutet zu haben glaubte.« (Rampold)

Am 19. August des Jahres 1921, gegen 16 Uhr, erlebte Klausen die schlimmste Hochwasserkatastrophe seiner Geschichte. Nach einem wilden Gewitter und sintflutartigen Regengüssen auf den nordwestlichen Bergen — während über der Stadt noch die Sonne schien — kam ein Murbruch durch das Thinnebachtal mit Felsblöcken, entwurzelten Bäumen und geschlagenem Holz (10 Meter hoch soll die Flutwelle gewesen sein!), ergoß sich in den Eisack und bildete dort einen gewaltigen Damm, der den Raum der Stadt Klausen in ein Staubecken verwandelte. Bis ans zweite Stockwerk gerieten viele Häuser ins Wasser. Da es nur sehr langsam gelang, den Eisack wieder von der riesigen Materialablagerung zu befreien und die Fluten abzuleiten, litt Klausen noch lange unter den Schäden dieser Katastrophe.

Im Zweiten Weltkrieg gab es einen Bombenangriff auf die Thinnebachbrücke, der Sachschäden verursachte.

1965/66 verwüstete abermals ein Unwetter das Thinnetal, aber dank der inzwischen vorgenommenen Wildbachverbauungen wurde Klausen selbst nicht mehr gefährdet.

Zur Einführung in die Klausner Landschaft

»Durch die Felsenschwelle der Klamm unterhalb Feldthurns, durch die Talmündung von Villnöß und durch den Gufidauner Berg ist das Brixner Becken nach Süden abgeriegelt. Schon scheint sich das Tal zu schluchtartiger Enge zu schließen, scheint die in Brixen so hell tönende Verheißung südlicher Pracht wieder zu verklingen — da tut sich das Tal plötzlich von neuem zu lieblicher Weite auf und bildet die sonnige Mulde, an deren südlichem Ende sich die altersgrauen Türme und Mauern von Klausen drängen. Hier ist alles näher beisammen als in Brixen, Wiesenplan und Kastanienkrone schauen fast in die Fenster der Häuser hinein, und das alte Gesicht der engen, kleinen Stadt ist ganz und gar Linie der Landschaft geworden, die vom Säbener Fels, dem heiligen Berg von Tirol, mütterlich beschützt wird.

Diese heimelige Welt von Klausen ist die Nachzeichnung größerer Welten in feiner Miniatur; die Häuser, Türme, Weingärten und Edelsitze ringsum sind wie von kundiger Hand hingesetzt auf einen Tiroler Krippenberg. So hat Klausen immer schon Künstler bezaubert, die hier vorbei nach Italien zogen; einer der ersten davon war Albrecht Dürer, der das Bild der Stadt als Hintergrund für jenes Blatt wählte, das wir unter dem Namen ‚Das große Glück' kennen« (J. Rampold).

Zur Einführung in die Klausner Landschaft könnte man treffendere Worte als die eben zitierten nicht finden.

Das Umschlagbild des Buches sowie das Winterpanorama zeigen das Städtchen Klausen, wie es sich heute dem Beschauer ungefähr aus dem Blickwinkel bietet, der dem des Dürerschen Kupferstiches entspricht.

Reisende, welche sich aus nördlicher Richtung Klausen nähern, verhalten meistens kurz vorher einmal auf der Höhe der alten Spitalkirche. Von hier aus nämlich erleben sie den ersten eindrucksvollen Blick auf Säben. Die zur linken Hand in den grünen Eisackauen liegende, lieblich weiß blinkende Rundkapelle übersehen sie meistens, obwohl der Bau Beachtung verdient.

Zwischen 1208 und 1213 ließ ihn der Brixner Bischof Konrad von Rodank als Erlöserkirche zu einem Pilgerhospiz und Spital (für die Kreuzfahrer) errichten. Später diente er dann auch als Klausner Pfarrkirche und wurde zur Pestzeit dem Pestheiligen Sebastian neu geweiht.

Die überaus interessante Kapelle gilt als einmalige Erscheinung in der romanischen Architektur unseres Landes. Zufolge der Form könnte sie in Verbindung mit dem Grab Christi in Jerusalem gebracht werden. Ihre dreizehn Nischen des Innenraumes lassen sich als Symbol für Christus und seine zwölf Apostel deuten.

Säben

Erhaben und markant, aber auch ein wenig kühl hebt sich die bleiche, von starrer Regelmäßigkeit gekennzeichnete pseudoromanische Architektur des Klosterbaues vom Himmel ab. Es ist ihr gegeben, die monumentale Wirkung der natürlichen Landschaft zu erhöhen und zugleich reizvoller und bestimmender Orientierungspunkt für die ganze Gegend zu sein.

Wenn man den im Sommer unter südlicher Sonne brennenden Fels etwa über den Wallfahrtsweg, der in lieblichste Weingärten eingebettet ist, erklommen hat und in den Bereich uralten Mauerwerks tritt, gerät man zunächst in den Bann jener gebieterischen Stille, welche so geschichtsträchtige Orte oft ausstrahlen.

Im Felsentunnel, der zum zweigeschossigen Klosterhof führt, überkommt einen unweigerlich kaltes Frösteln, und das bestimmt nicht allein zufolge des dort ewig herrschenden kühlen Luftzuges, sondern auch aus dem Gefühl heraus, hier im Leibe des Felsens dessen Geistern aus heidnischen und heiligen Zeiten besonders nahe zu sein. Es ist wohl ganz einfach der Atem der Vergangenheit, der den Besucher hier auf etwas unheimliche Weise trifft.

Merkwürdig geheimnisvoll erweist sich die Atmosphäre in der Kreuzkirche (das Benediktinerinnenkloster Säben nennt sich »Zum Heiligen Kreuz«), zu der man über steinerne Stufen hinauf gelangt.

Diese Kirche, erbaut an der Stelle der alten — fast sagenhaften — Bischofskathedrale, entspricht in ihrem heutigen Aussehen im wesentlichen der nach dem Umbau (oder Neubau der Ruine) durch den Klostergründer Dr. Matthias Jenner im 17. Jahrhundert verliehenen Form. Wie kaum in einem anderen Gotteshaus des Landes finden sich hier Elemente der Gotik, der Renaissance und des Barock zusammen, ohne aber etwa ein Gefühl der Überhäufung zu erregen; ganz im Gegenteil lassen sie eher den Eindruck von bizarrer Leere entstehen.

In der Kreuzkirche fesselt hauptsächlich die von einem fahrenden italienischen Künstler geschaffene Scheinarchitektur; sie übertrumpft alles übrige mit ihren leuchtenden Farben und schafft Illusionen, die vielleicht über ihren Zweck hinausgehen, denn sie lenken mächtig ab von der Wirklichkeit des Raumes, in dem man sich befindet.

Die Fluchtlinien der beiden großen Wandbilder nehmen der Mauer, welche sie trägt, die Kraft zu begrenzen, einzuengen. Das Auge des Betrachters folgt ihnen hinaus in eine prächtige und harmonische Welt, die freilich nun nicht der richtige Rahmen zu sein scheint für die drei zum Grabe Christi eilenden heiligen Frauen und für die Darstellung der Grablegungsszene mit Kalvarienberg rechts rückwärts.

Genug, die Gedanken sind angeregt, nicht nur im greifbaren Hier und Jetzt zu verweilen.

Der Besucher der heutigen Heiligkreuzkirche wird sich gerne vorzustellen versuchen, wie wohl die ursprüngliche Bischofskathedrale an der selben Stelle, welche die höchstgelegene von Säben ist, ausgesehen haben mag.

Leider ist über Form und Größe dieser alten Hochburg christlichen Glaubens nichts überliefert worden. Man kann bloß nachlesen, sie sei ohne Zweifel vom hl. Ingenuin errichtet und dem hl. Petrus geweiht worden. Sicher nachgewiesen wird sie erstmals durch ein Dokument des Jahres 845, allerdings hier als dem hl. Kassian geweiht.

Wie sie das nächstemal urkundlich um 1406 neuerlich auftaucht, wird sie bereits Heiligkreuzkirche genannt. Wann und warum das Doppelpatrozinium Petrus-Kassian abgeändert wurde, ist nicht bekannt.

Reizvoll ist es, der Ansicht eines Forschers (Hammer, 1935) zu folgen, die Heiligkreuzkirche sei eine dreischiffige Basilika gewesen, noch ohne Querschiff und von altertümlich breiter und kurzer Form...

Zum Anlaß, die Phantasie noch weiter zurück, bis in vorchristliche Zeiten schweifen zu lassen, wird die Meinung einiger Historiker, daß es sich bei den in die nordöstliche Kirchenaußenwand eingelassenen weißen und rötlichen Marmorstücken (fremdartiges Material am Platz) um Überbleibsel des heidnischen Tempels handle, der zuallererst Säbens Höhe gekrönt haben soll.

Gleichviel — man kann vom Einst der Heiligkreuzkirche träumen, was man will, und man kann auch eigener Meinung sein, welch künstlerischer Wert dem heutigen Bau — besonders seiner Innenausstattung — zuzumessen ist. Seit vielen Jahrhunderten zieht er als einer der bemerkenswertesten Punkte des Säbner Gesamtkomplexes die Menschen an; dafür zeugen auch — auf eine ein wenig traurige Weise — die hier vorfindbaren unzähligen Wandkritzeleien, mit denen sich simple Seelen an wichtiger Stelle zu verewigen suchen.

Die Häuser der Stadtgasse

Die Häuser der Klausner Stadtgasse — mag sie auch Romstraße heißen, sie bleibt doch eine Gasse — machen die ganze Stadt aus. Was ringsherum gebaut wurde, sind bloß Zutaten. Und da die Häuser der Gasse fast ausnahmslos aus dem fünfzehnten und sechzehnten Jahrhundert stammen, weisen sie in großer Mehrheit die wesentlichen Formen des spätgotischen Südtiroler Bürgerhauses auf, einen Stil, der so geschlossen und das Ortsbild beherrschend eisackabwärts nicht mehr anzutreffen ist.

Mit Recht also wird Klausen die letzte Stadt gotischen Baustiles südlich des Brenners genannt.

Klausens Häuser sind für uns wunderschön. Bei aller Stilgleichheit bleiben sie überaus individuell und überraschend in der inneren und äußeren Ausführung. Tatsächlich sollte man nicht mit dem Lot Wert und Standfestigkeit ihrer Mauern nachzuprüfen suchen, denn zugegebenerweise sind einwandfreie Senkrechte eher Mangelware.

Auch die Waagerechten entsprechen meistens nicht ganz den Vorstellungen von Geometern und Statikern. Aber, wann wäre jemals ein Klausner Haus zusammengefallen?

Die bekannte Antwort auf die verwunderte Frage eines auswärtigen Architekten, was denn s o l c h e Bauten bis heute habe am Leben erhalten können? — lautete schon vor längerer Zeit, aber nach wie vor gültig, aus lächelndem, echtem Klausner Mund: Kalk und Gottvertrauen!

Nichts ist einfacher als das: Der gute Villnösser Kalk bindet die Mauersteine auch in gewagten Wölbungen und Schrägen nach wie vor ziemlich sicher übereinander. Und den Klausnern hat es bis heute noch niemals an dem nötigen Gottvertrauen gefehlt, sich in s o l c h e m Gemäuer geborgen zu fühlen.

Doch Spaß beiseite. Klausens alte Häuser sind besser und menschlicher zu bewohnen als sterile Allerweltswohnschachteln. Und wir wollen sehen, was ein ernster Forscher, nämlich Propst Dr. Weingartner, zum Thema sagt.

»Die äußeren Merkmale dieser Bautype (der Klausner Häuser) sind die spitz- oder rundbogigen Türen und abgeschrägte Steinrahmungen, die polygonalen Erker, die Zinnengiebel, die aber, wie auch die Lichthauben, in Klausen nur mehr wenige Häuser in die Gegenwart herübergerettet haben. Den schönsten Zinnengiebel besitzt der Gasthof Walther von der Vogelweide, die besten Lichthauben finden sich in der bergseitigen Häuserreihe...

Die Inneneinteilung der Häuser ist vor allem durch ihre geschlossene Stellung in der engen Gasse bestimmt. Da für jedes Haus nur ein geringer Raum zur Verfügung stand, ist die Breite meist sehr gering, und wo das scheinbar nicht zutrifft, besteht das heutige Haus fast durchaus aus mehreren Nummern, die ursprünglich selbständig waren. In der unteren Reihe stehen sogar manche Häuschen, die nur zimmerbreit sind. Dafür suchte man die Häuser, zumal an der Bergseite, nach der Tiefe auszudehnen und dem Haupthaus womöglich noch ein Hinterhaus anzuschließen. Die besten Zimmer im 1. und 2. Stock wie auch die Läden und Werkstätten im Erdgeschoß liegen dann gegen die Gasse, während Hinterhaus Keller, Speicher und allenfalls auch etliche Kammern enthält.

Da von der Seite kein Licht zukommt, muß das Hausinnere durch einen Lichtschacht erhellt werden, der zugleich auch die Treppenanlage enthält und oben ursprünglich immer mit einer gewölbten Lichthaube abschloß. Dieser Lichtschacht schiebt sich meist zwischen Vorder- und Hinterhaus und besitzt dann auch verbindende Gänge und Galerien. Manchmal haben beide Hausteile ihre eigenen Lichtschächte...

Neben dem Lichtschacht war ursprünglich die Küche untergebracht, die daher stets klein und finster war und deshalb in neuerer Zeit vielfach in einen anderen bequemeren Raum verlegt wurde. Die Zimmer erreicht man vom Lichtschacht aus meist durch gewölbte Vorplätze.«

Abgesehen von dem großflächigen »nur Blumen- und Baumgarten« von Mama Ferrari jenseits des Eisacks in Griesbruck, der viele prächtige Gewächse enthält, gibt es in Klausen bloß kleine Hausgärtchen.

Aber diese Gärtchen — allesamt liebevollst betreut und mit Gemüse und Blumen bepflanzt — rahmen die oberen Häuser der Stadtgasse gegen den Säbener Berg und die unteren Häuser gegen den Eisack hin ein.

Nun, damit ist noch nicht alles gesagt, nicht, was es ganz besonders Klausnerisches mit ihnen auf sich hat. Zitieren wir wiederum Weingartner:

»Die Stadt Klausen steht auf einem schmalen und stufenförmig abgesetzten Felsenfuß, der beiderseits der (Reichs-)Straße nur für je eine Häuserreihe Raum bot. Und auch diese Häuser mußten sich dem unebenen Felsen anpassen, so daß kaum ein Haus auf regelmäßigen Grundmauern aufruht und der gemauerte Raum vielfach mit dem blinden oder ausgehöhlten Stein abwechselt. Da aber doch jeder Bürger auch sein bescheidenes Gärtchen haben wollte, mußte man sich damit behelfen, daß man an der Bergseite die Gärten hinter die Hausdächer verlegte, während man auf der unteren Seite den Fluß durch Mauerunterbauten eindämmte und den damit gewonnenen Boden zu Gärten ausnützte. Und so kam es auch, daß die eine Klausner Hausfrau durch den Dachraum, die andere durch den Keller muß, um zu ihrem Salat zu gelangen. Im übrigen geben aber gerade diese idyllischen Gärtchen drunten am Fluß und droben am Felshang dem Stadtbild einen recht freundlichen grünen Einschlag. Die unteren sind durch die neue Straßenanlage in ihrer sonnigen, nur von den Eisackwellen sanft bespülte Ruhe freilich etwas beeinträchtigt worden. Desto ursprünglicher aber schmiegen sich die oberen Gärten zwischen Häuserreihen und Felshang. Der Boden geht terrassenförmig auf und ab, Steintreppen verbinden die einzelnen Absätze, und durch kleine Pförtchen in der oberen Mauer kommt man überall rückwärts zum Säbener Weg hinaus. So beschränkt auch der Raum sein mag, wechseln doch Gemüsebeete mit bunten Blumen und grasbewachsenen Felsen, ein paar Bäume stehen dazwischen, und da und dort finden sogar grüne, schimmernde Reben ein sonniges Plätzchen. Kurz, diese Gärten mit ihren Lauben und Bänklein sind der rechte Ort für eine altväterliche behagliche Ruhestunde am Abend oder an einem Sonntagnachmittag.«

Die Klausner Stube

Die beste Form der Klausner Stube ist als eigene sich selbst tragende Holzarchitektur im Steinhaus gedacht. Man könnte von einem Holzkasten sprechen.

Durch verschiedene besonders schöne Exemplare aus gotischer Zeit (nicht jedem aber muß diese Stilausführung am besten gefallen!), die sich in den Sammlungen bedeutender Museen (z. B. dem Bozner oder dem Tiroler Volkskunstmuseum in Innsbruck) befinden, ist die gotische Klausner Stube ein Begriff geworden.

In der Klausner Gegend ist viel früher als in anderen Teilen Tirols der Übergang vom hölzernen Bauernhaus zum Steinbau erfolgt.

Schon aus der Zeit vor 1400 stammen die ersten Zeugnisse dafür, während in den übrigen Haupttälern solche erst ab Mitte des 15. Jahrhunderts, oder gar erst seit Beginn des 16. Jh.s nachweisbar sind.

Wenn in den steinernen Bauten der Städter und in den Ansitzen und Burgen des Adels — dort war die Steinbauweise ja bereits seit Menschengedenken üblich — hölzerne Innenräume zu finden sind, und wenn dies auch schon in den ersten noch romanisch beeinflußten Steinbauten der Bauern oder halbbäurischen Kleinstädter der Fall ist, so hat das bestimmt beide Male den gleichen Grund: Die Menschen verlangten nach den Vorteilen des beständigeren Baumateriales, des Steines, wollten aber auch nicht auf die guten Eigenschaften des althergebrachten Holzes verzichten.

Stein ist schon im Sommer als Einfassung für Wohnräume nicht sonderlich angenehm; in den Übergangszeiten und gar im Winter ausgesprochen kalt. Nichts lag somit näher, als in den Steinhäusern die Stube und manchmal auch die Schlafräume weiterhin in Holz zu bauen.

Bis heute können sich die Klausner aus dem »Stadtl« oder aus der Umgebung unter dem Begriff Stube lediglich die hölzerne vorstellen, und ein jeder ist bestrebt, im eigenen Haus eine zu besitzen.

Dreiviertelhohe Holzvertäfelungen bleiben nur ein Ersatz, und die sogenannte getäfelte Sitzecke (in Mietwohnungen meist transportabel) ist nur Notbehelf.

Es kann unterstrichen werden, daß die im Klausner Bezirk vorzufindende Verschmelzung ländlicher (kleinstädtischer) Steinhäuser mit aus uralten Zeiten überkommenen Holzbauweisen zu den wesentlichsten Schöpfungen der alpenländischen Wohnbaukultur beigetragen hat.

Die auf unseren beiden Bildern gezeigten Stuben entsprechen guter Tradition — ohne museumsreif zu sein —, und sind derzeit ein normaler Wohn- beziehungsweise ein alltäglich benutzter Gaststättenraum.

Die Sepha

Ernst Loesch, aus dem Buch »Verschwundene Gestalten« 1919
Die Sepha.

»Wie lebendig steht dieses wackere, immer heitere und tatkräftige Wesen vor mir! Nicht die Armut war hier verkörpert, sondern die Kraft. Die Figur der Sepha hatte etwas Vierschrötiges und ihr Gang etwas Schwerfälliges. Ihres gewaltigen Rückens hätte sich auch ein Mann nicht zu schämen gebraucht.

Es gibt gewisse Äpfel, die einförmig rot sind. So sah das Gesicht der Sepha aus. Ein gutmütiges Lächeln, das eine kernfeste Mauer weißer Zähne zeigte, und eine Stimme, aus der immer eine gewisse Fröhlichkeit herausklang, ließen die etwas männlich-derbe Persönlichkeit sanfter erscheinen.

In diesem gesunden Mädchen schlummerten Riesenkräfte. Wo Winden und Hebel versagten, da schob die Sepha ihre zarte Schulter unter, drückte und stemmte, und die Sache kam in Ordnung; das Rot ihres Angesichtes nahm bei solchen Leistungen eine geringe Steigerung ins Violette an. Dann schwebte ein Lächeln über ihre Züge, und ein Blick ging über die herumstehenden Männer mit dem unverkennbaren Ausdruck: Seid's ös armselige Heiter (Schwächlinge) übereinander! Unter den verschiedenen Kraftproben litt beständig die Frisur, und die Sepha war selten zu sehen, ohne daß das Ende ihres kümmerlichen, zu einem Nest gedrehten Zöpfchens samt der daran baumelnden Haarnadel gen Himmel starrte.

Es sind beneidenswerte Menschen, denen natürliche Begabung den richtigen Weg im Leben weist. Die Sepha erkannte ihr Talent und wurde der Packträger des Städtchens.... Daß neben all dieser aufgespeicherten Kraft auch zarte Herzensregungen wohnen könnten, ahnte niemand... Der brave Spangeler-(Spengler) Jackl war es, der ihr starkes Herz eroberte. Er war ein guter und fleißiger Mann, der sein Geschäft verstand und vorwärts brachte.

Sie wurde seine Frau und bald sein Geselle, lötete Blechgefäße, kittete derhängte (zerbrochene) Fenster wieder ein und fühlte sich sichtlich wohl dabei, daß sie auch in ihrem Ehestand wieder nebenher einen männlichen Beruf ausüben konnte.

Daß sie aber auch als Weib ihre Bestimmungen erfüllte, bewies sie dadurch, daß sie ihrem Jackl drei sehr kräftige Töchter schenkte...«

Das Künstlerstädtchen

Aus dem Ernst-Loesch-Buch: ‚Verschwundene Gestalten' 1919:

»Das Herz geht mir auf, wenn ich an dies Haus denke, in dem Tiroler Eigenart, Herzlichkeit, Gemütlichkeit und Poesie in einer Weise vereinigt war, wie das wohl nie wieder zu finden sein wird.

Es war das einstige Ratsgebäude des Städtchens und stand in der einzigen engen Straße nahe am Tore. Zwei Erker schmückten seine vom Alter schiefgebogene Wand. Das goldschimmernde schmiedeeiserne Wirtshausschild und das lebhafte Grün und Rot von Geranien und Nelken bildeten ihren äußeren Schmuck. Aber wie wirkte das einfache Haus in seiner Umgebung! Kam man darauf zu, so schien es links und rechts eingerahmt von den Häusern der Gasse, an denen Erker durch zwei Stockwerke liefen, und hinter dem Lamm wuchs über zweihundert Meter hoch aus Weinbergen und Gebüsch der graue Fels empor, der das weißglänzende mächtige Kloster auf stolzer Höhe trug. Es war ein Bild von Licht und Freude.

Durch einen gewölbten Haustennen und eine finstere Treppe kam man erst im ersten Stockwerk in die gastlichen Räume. Gar mancher, der sich an dem nicht sehr einladenden Eingang geärgert hatte, sah erstaunt um sich, wenn er mit einem Male in dem einstigen Rathaussaale stand, der nun den Speiseraum bildete. Er schied sich in zwei Hälften. Die vordere hatte Stockhöhe, die hintere ging durch zwei Stockwerke. Die Teilung betonte ein mächtiger, auf einer Säule ruhender Bogen. Um den rückwärtigen Teil des Saales lief eine Galerie, die auf Pfeilern stand. Sein Licht bekam dieser Raum durch eine sogenannte Lichthaube, einen Schacht, der vom Dach aus die Helligkeit einließ. Ein geheimnisvoller Zauber umgab diesen altehrwürdigen Saal. Durch die Butzenscheiben an den Fenstern der Vorderwand spielten die Sonnenlichter, in der Tiefe des Raumes lag eine träumerische Dämmerung.«

Das bergseitige Haus Nr. 82 der oberen Stadtgasse trägt die Inschrift: »Altes Rathaus XV. Jh. Sehr interessanter Saal (Speisesaal)«.

Der heute noch erhaltene, allerdings restaurierungsbedürftige, große Doppelsaal des ersten Stockwerkes mit Empore im rückwärtigen Teil — von höchst bemerkenswerter Architektur — interessiert uns in diesem Zusammenhang wegen seiner zweiten Funktion: da er Speisesaal des weitberühmten Gasthofes »Zum Weißen Lamm« war.

Wir wissen nicht genau, wann und warum das Rathaus in die Gaststätte umgewandelt wurde, können aber aus einer Chronik erfahren, daß 1492 der Gesandte der Republik Venedig auf der Durchreise in Klausen im »Weißen Lamm« abgestiegen war. Somit gehört diese Gaststätte (zur Zeit leider nur Privathaus) mit dem Gasthof zur »Goldenen Rose« der Unterstadt, der 1485 erwähnt wird, und dem gar schon 1392 bestehenden »Weißen Kreuz« beim Kirchplatz zu den ältesten der bekannten Wirtshäuser des Ortes.

Die große Zeit des »Lampl« — über die wir sprechen müssen — begann gegen 1880, als es von Georg Kantioler und seiner Gattin Fanny geleitet wurde. Damals taufte man den großen Mehrzweckraum des 1. Stockes nach dem berühmtesten, in jenem Jahrhundert wiederentdeckten mittelhochdeutschen Dichter Walther von der Vogelweide »Walther-Saal«.

Ein Innsbrucker Germanist, Professor Ignaz Vinzenz Zingerle, hatte den Hinweis aufgegriffen, wonach einer der beiden Vogelweiderhöfe des Lajener Riedes (südlich ober Klausen), als Geburtsstätte des Dichters in Betracht gezogen werden müßte; er hatte sich diese Idee, die er überzeugend zu verbreiten verstand, absolut zu eigen gemacht. Die Folge davon war, daß die Menschen der »alldeutschen Welle« jener Jahrzehnte nach der Gründung des zweiten Reiches, die von einem unglaublichen nationalen Hochgefühl mitgerissen wurden, in Klausen ein Mekka ihrer Schwärmerei sahen und in großen Mengen hierher zogen.

Berühmter Mittel- und Treffpunkt der meisten Besucher, unter denen sich hervorragende Geister und Künstler befanden, war nun das »Lampl« mit seinem »Walther-Saal« geworden. Die Wirtsleute Kantioler und deren Freund Prof. Zingerle beherrschten die Szene.

Zingerle war als »Liberaler« nicht überall gut angeschrieben; in Klausen verweigerte man ihm den Ankauf der Burgruine Branzoll, worauf er in Gufidaun das Schlößchen »Summersberg« erwarb und dieses zu einer Hochburg zeitgenössischer Kunst und Wissenschaft machte. — Über den Tod Zingerles und der Wirtsleute Kantioler hinaus bis zum Beginn des Ersten Weltkrieges (1914—1918) dauerte die wichtigste Periode des »romantischen« Klausens, aus der es seine heute noch weiterlebende Bezeichnung »Künstlerstädtchen« ableitet.

Eine recht umfangreiche, leicht erreichbare Literatur gibt über dieses Thema bis in jede Einzelheit Auskunft.

Hans Piffrader

Klausens größter bildender Künstler Hans Piffrader (1888—1950) wurde, obwohl er (bis 1924) in Wien — damals Hochburg des Jugendstiles — studiert hatte, zu einem der bedeutendsten Vertreter des Tiroler Expressionismus. Ganz dem schweren Boden des bäuerlichen Lebensraumes verbunden, steht er dem 1926 in St. Justina bei Bozen verstorbenen A. Egger-Lienz nahe. Während fünfundzwanzig Jahren schuf er sein eigenwilliges, bedeutungsvolles bildhauerisches und graphisches Werk. Am bekanntesten von ihm ist die monumentale (wenngleich im Stile für ihn nicht typischste) Arbeit in Bozen; das Riesenrelief (größtes modernes Relief in Europa?) von 36 m Länge und 5,5 m Höhe am Finanzamt, welches vom Finanzministerium zur faschistischen Zeit in Auftrag gegeben wurde.

Im Lichthof des Gasthauses Nußbaumer zu Klausen hängt der herrliche überlebensgroße Gekreuzigte, dessen Kopf auf einer Abbildung des Buches zu sehen ist.

Der Loretoschatz und Rückblick auf die Gründung des Kapuzinerklosters

Die Vergangenheit wird gerne als »gute alte Zeit« besungen, höchstwahrscheinlich aus dem Grund, weil sie — obwohl oft gar nicht besser als Gegenwart und Zukunft — nun eben vorüber und somit überschaubar geworden ist, also den Lebenden kaum mehr böse Überraschungen bescheren kann, vor denen sich die meisten so sehr fürchten.

1972 verließ der letzte Pater still das Klausner Kapuzinerkloster; man war sich schon ein Jahr vorher im Provinzkapitel über die Auflösung einig geworden. Der über zweieinhalbhundert Jahre alte Baukomplex hätte andernfalls endlich total überholt werden müssen, was sich aber als sozial nicht tragbar herausgestellt hatte, da es an geistlichem Nachwuchs fehlt.

Klausens Abschied von seinen Kapuzinern, deren Wesen — und Anblick — so innig zum »Stadtl« gepaßt hatten, war traurig. Mit ihnen, den bescheidenen Männern in braunen Kutten und einfachen Sandalen verschwand ein weiteres Stück »der guten alten Zeit« aus unserem Leben.

Und war es wirklich nur das? Oh nein. Bei einigen Leuten mag der Schmerz nicht weiter gediehen sein als bis zu diesem billigen Gedanken. Bei anderen aber stellte sich die Erkenntnis ein, daß wir in letzter Zeit mit dem abrupten Wandel unserer Lebenshaltung in Richtung zu einem krassen Materialismus an den Patres, die der Bevölkerung jahrhundertelang treue Volksgeistliche waren, geradezu Verrat begangen, sie zum Weggehen gezwungen, und unsere Gesellschaft um einen weiteren Teil hoher idealer Kraft ärmer gemacht haben.

Wir finden hier nicht Platz, das verdienstliche Wirken der Pater und Brüder von 1703 bis 1972 im Ort und seiner weiten Umgebung zu schildern, sondern wollen nur berichten, wie bereits zur Zeit ihrer Klostergründung das kostbare Kuriosum, welches der Volksmund einfach »Kapuzinerschatz« nennt — das richtig aber Loretoschatz heißt — zu uns gelangte.

Ebendort, wo sich heute die Loretokapelle befindet, stand einst das Geburtshaus des Begründers des Klausner Kapuzinerklosters, des Paters Gabriel Pontifeser. Als begabter junger Mann hatte er zunächst die Studien bis zum Doktor in Philosophie absolviert, um sich sodann — nach heftigem inneren Ringen — dem geistlichen Stand im Kapuzinerorden zuzuwenden. Seine erste Wirkungsstätte wurde der Sprengel des Kapuzinerklosters zu Augsburg. Von dort gelangte er als Begleiter eines anderen älteren Paters an den kurfürstlichen Hof in Heidelberg, wohin der Mitbruder als Seelsorger und Berater bestimmt worden war. Pater Gabriel fiel hier durch seine ungewöhnliche Gelehrsamkeit und Rednergabe auf.

Nur vier Jahre nach seiner Ankunft in Heidelberg starb der Kurfürst und bald auch des Südtiroler Kapuziners Mitbruder, worauf die Witwe des Kurfürsten Amalie jetzt Pater Gabriel für sich und die Familie zum Beichtvater bestellte. Noch im gleichen Jahr heiratete die kurfürstliche Prinzessin Maria Anna König Karl II. von Spanien und zog nach Madrid. In der spanischen Residenz stieß die junge Königin auf viele Schwierigkeiten, was sie veranlaßte, einen Vertrauten und Ratgeber in der Person Pater Gabriels zu suchen; dieser reiste dann 1692 nach Spanien.

Am neuen Hof wurde der einfache Kapuziner aus Klausen zum »Almosenier« und »Capellanus major« der Königin bestimmt. Maria Anna litt besonders unter ihrer Kinderlosigkeit. Das ließ sie die Absicht fassen, dem seligen (damals noch nicht heiliggesprochenen) Felix von Candalice, den sie besonders verehrte, eine Kirche zu erbauen, um durch seine Fürbitte schließlich den ersehnten Leibeserben zu erlangen.

Pater Gabriels Herzenswunsch war es, in seiner Heimatstadt ein Kapuzinerkloster zu errichten. Die gütige Königin ließ sich dazu bestimmen, auch dieses Projekt zu ihrem eigenen zu machen, um dann beides in Klausen zu verwirklichen.

Bis die Absicht in die Tat umgesetzt werden konnte, verging viel Zeit, denn es waren dazu viele Genehmigungen zu erbitten und große Hindernisse zu überwinden. Besonderen Anstoß — weil mit dem Armutsgelübde des Ordens nicht vereinbar — erregte beim Pater Provinzial die kostbare Altarausstattung in Silber, Bergkristall, mit Kelchen, Paramenten usw., welche Maria Anna für eine dem Kloster angeschlossene Loretokapelle zusätzlich stiften wollte. Erst als aus Rom verlautete, man möge dem Wunsch der Königin genügen und die Preziosen annehmen — die Patres seien lediglich zu deren Wächter bestimmt, nicht zu Besitzern — ebneten sich die Wege.

Was heute noch, nach den Katastrophen französischer und bayrischer Besetzung, nach Hochwasser und ähnlichem, von dem nach wie vor überaus kostbaren und sehenswerten Schatz übriggeblieben ist, befindet sich in einem kleinen, sehr gediegen eingerichteten Museum, rechts von der Kapuzinerkirche.

Herz-Jesu-Sonntag

Das Südtiroler Jahr begeht, neben allen Festlichkeiten des katholischen Kulturkreises und den üblichen weltlichen, eine stattliche Reihe eigener, landesgebundener Feste. Erst seit wenigen Jahren (1977) sind von den einen wie von den anderen etliche weggelassen oder zusammengelegt worden.

Ein Fest unter allen verdient allein die Bezeichnung »Landeshauptfest«. Dies ist die Herz-Jesu-Feier, welche stets am zweiten Sonntag nach Fronleichnam abgehalten wird — ein patriotisch-religiöser Brauch von stärkster Tiroler Prägung.

Er fand seinen Ursprung im fernen Jahr 1796, als das Land durch Napoleons Truppen bedrängt wurde. Damals beschloß die Versammlung der Tiroler Landstände einstimmig, die Heimat zur Errettung aus aller Not dem heiligsten Herzen Jesu zu weihen. Das Bündnis wurde in der Bozner Pfarrkirche (dem heutigen Dom) am 3. Juni mit feierlichem Hochamt und nachfolgender Ansprache vollzogen. Bekannt ist die Erneuerung des Gelöbnisses durch Andreas Hofer im Jahre 1809, kurz vor dessen zweiter Bergiselschlacht gegen die Franzosen und deren Verbündete.

Wie alle Tiroler, halten die Klausner die Herz-Jesu-Feier jährlich wieder ab, nicht etwa nur in Erinnerung an das einmalige historische Ereignis, sondern im Sinne des nach wie vor von sehr vielen Menschen empfundenen Wunsches, den Schwur der Väter regelmäßig und feierlichst zu wiederholen, um mit dem Land im besonderen Schutze Christi zu bleiben.

In Klausen beginnt die Feierlichkeit vormittags mit einer von der Kirche ausgehenden großen Prozession, an der die Bürger und ihre Vereine, Musik, Schützen usw., teilnehmen. Danach wird möglichst im Freien (der vielen Gläubigen wegen) das Hochamt abgehalten und das Bundeslied, auch die »zweite Landeshymne« genannt, gesungen. Der berühmte Text lautet:

Auf zum Schwur, Tiroler Land,
heb zum Himmel Herz und Hand!
Was die Väter einst gelobt,
da der Kriegssturm sie umtobt,
das geloben wir aufs Neue:
Jesu Herz, Dir ew'ge Treue!

Danach ist der Sonntag freier Geselligkeit bei Musik, Tanz und Wein und sonstigen Erfrischungen und vielerlei Unterhaltung gewidmet. Sobald es dunkel wird, entzünden junge Burschen und Mädchen ungezählte Herz-Jesu-Bergfeuer, für die sie das Brennmaterial schon Tage vorher, keine Mühe scheuend, auf exponierte hohe und höchste Plätze der Umgebung getragen haben. Manche dieser Feuer sind kunstvoll in Form des Herz-Jesu-Symboles angelegt; und alle zusammen ergeben zum Abschluß des feierlichen Tages ein eindrucksvoll festliches und zugleich mahnendes Bild.

Das Gewerbe und seine Tradition

Das gewerbliche Leben Klausens hat aus frühester Zeit gute Tradition, war immer schon bestens organisiert und brachte vielfältige, sehr geschätzte Produkte auf den Markt.

Der Bogen der Erzeugnisse reicht bei denen des einfachen Handwerks beginnend über die des Kunsthandwerks bis zu jenen größerer Werkstätten oder kleinerer Industrien.

Aus dem Jahre 1428 — dem Jahr da Klausen auch das Marktrecht zugesprochen erhielt — stammen bereits erste bestimmte Vorschriften für die Nahrungsmittelgewerbe. Das Stadtarchiv weiß im Jahr 1509 schon von der »Brüderschaft zu Unserer lieben Frau der Müller und Bäcker« sowie von der »Urbansbrüderschaft der Bauknechte« zu berichten. Wenn wir die Pfarrkirche betreten, so können wir seitlich des Altars vier schöne Zunftstangen der Tischler, Schneider, Schmiede und Schuster vorfinden; sie entstammen den Jahren zwischen 1620 und 1660; auch etwas später zu datierende Zunfttruhen der Bäcker und Schneider gibt es noch.

Es wird überliefert, daß die Eröffnung der Brennerbahn um 1867 für die Gewerbe von Vorteil war, daß sich aber auch das große Augenmerk, welches der Staat ihnen schenkte, ganz besonders günstig für sie auswirkte. Die jungen Klausner zögerten niemals, zur Vertiefung ihrer Ausbildung auch ferne Gegenden aufzusuchen und wertvolle neue Errungenschaften bei sich zu Hause einzuführen; so kam bereits 1898 die erste Hobelmaschine hierher.

Das Genossenschaftswesen der Stadt nahm über ein Jahrzehnt vorher seinen Anfang, nämlich zwischen 1883 und 1885. Die Genossenschaften der Lederarbeiter, Metallarbeiter, Holzarbeiter, Textilarbeiter, Gastwirte und der Handeltreibenden wurden sehr bedeutsam.

Guten, ja bedeutenden Ruf brachten Klausen seine Kunstschmiede, die Kunsttischler und Altarbauer, die Holzschnitzer, Hutmacher, Lodenerzeuger usw.

Die größte wirtschaftliche Entfaltung erlebt das Städtchen wahrscheinlich erst seit zwanzig Jahren, also gerade jetzt. Einheimische haben den alten Betrieben gewichtige neue hinzugefügt, und auch einige ausländische Firmen haben hier Platz für Niederlassungen gefunden.

Durch strenge Landesgesetze, welche den Befähigungsnachweis für das Ausüben der verschiedenen Gewerbe fordern, sucht man die einwandfreie Güte aller Erzeugnisse zu sichern, ja sie noch weiter zu steigern.

Die Märkte

1308 wird Klausen urkundlich erstmalig Stadt genannt, 1428 erhält es ein Jahrmarktprivileg.

Wir wissen leider nicht mehr, wie sich ein solcher Jahrmarkt damals im Ort abspielte. Auf alle Fälle steht fest, daß er das erstrangige wirtschaftliche Ereignis des Jahres gewesen sein muß. Dies ist noch an der Bedeutung unserer jetzigen Monatsmärkte (nur im Juli wird keiner abgehalten) zu ermessen, die bis vor kurzem von allerlei Gewerbetreibenden und besonders von den meisten (der vielen) Klausner Wirte als unerläßliche Finanzzubuße für das Gedeihen ihrer Geschäfte angesehen wurden.

Die Ausdehnung des Marktes erstreckte sich ganz bestimmt auch in ältester Zeit schon — mit Ausnahme der Stadtgasse — über alle freien Plätze in und vor dem »Stadtl« (neuerlich ist die Eisackpromenade hinzugekommen); das lag und liegt im Interesse der überall angesiedelten Klausner Betriebe.

Fester Viehmarktplatz ist lange schon der nördlich des Brixner Tores eigens dafür freigehaltene Raum längst des Eisacks. Die Buden und Stände der Krämer ziehen sich die Eisackpromenade entlang und ballen sich — weniger auf Kirch- und Postplatz, die wie die Stadtgasse für den Verkehr freigehalten werden müssen — vor allem auf dem »Schinder-Gries« (vor dem Schwimmbad).

Klausens Märkte sind heute immer Vieh- und Krämermarkt zugleich. Das ist nicht überall so. Es herrscht stets eindrucksvoller Betrieb. Große Menschenmengen von Bauern in Tracht, bäurischen Händlern und Krämern strömen zusammen. Man hört deutsch, italienisch und ladinisch; Es wird mehr oder weniger laut gefeilscht, ausgeschrien, gelacht und natürlich auch geflucht. Nordafrikanische und orientalische Händler sind neben Zigeunern wieder zu sehen — die Alten erinnern sich noch an die Bärenführer und Gaukler, die vor fünfzig Jahren zum bunten Bild gehörten; und für alle ist die Teilnahme am Markt geschäftliche Notwendigkeit. Nichts ist an Markttagen für Zuschauer oder Touristen ausgerichtet. Was sich dem unbeteiligten Besucher an Folklore bietet, ist echt bis ins Letzte.

In diesem Zusammenhang noch ein Hinweis auf Klausens St.-Katrein-Markt, den sogenannten Heiratsmarkt. Er wird jährlich am 25. November abgehalten (oder am Tage vorher oder nachher, falls der 25. auf einen Sonntag fällt). Altem Brauch zufolge bleiben an diesem Tage alle Burschen und Mädchen (Dienstboten) von jeder Arbeit befreit, um sich während des Marktes und besonders danach, beim ersten »Törggelen (Weinkost) des Jahres, kennenzulernen.

Der Weinbau

Der Klausner Weinbau ist sagenumrankt. Nicht erst die Römer haben die Rebe ins Land gebracht; sie war schon früher bekannt, und der hier vorgefundene rätische Wein soll von ihnen hoch geschätzt worden sein. Lieblich umgeben Pergeln das Klausner Stadtgebiet und ziehen sich an den Berghängen der Dörfer vereinzelt bis über die Siebenhundert-Meter-Grenze hinauf (an Südhängen). Die Mär berichtet, das Rebland hätte einst bis zum Gipfel des hohen Königsanger über den Almböden von Latzfons gereicht. Die Bergeshöhen seien übergeflossen von Milch, Honig und Wein:

»In Pfrein der beste Wein,
am Gamphorn das beste Korn!«

Nun, das ist eben Mär und scheint unglaubhaft; heutzutage herrscht dort oben ein rauhes Klima — aber Sagen von einst fruchtbaren Höhen gibt es überall. Wichtig ist, daß uns die Klausner Lagen eine schöne Reihe von Spitzenweinen schenken; Wir bevorzugen die Sorten Silvaner, Veltliner, Gewürztraminer, Ruländer oder Laitacher.

Daneben gewinnen einzelne Bauern zum Eigenbedarf Wein mit unterschiedlichster Namengebung aus offiziell längst ausgestorbenen Traubenarten, aus den Französischen, den Portugiesern, Schlaurafflern, Mäuselweimern, Ochsenaugen, Furnern und so fort.

Die Edelkastanie

Um Klausen gibt es schöne Haine von Edelkastanien. Der Köstenbaum (Edelkastanienbaum), zuweilen »Köstenvater« genannt, steht dem Herzen der Menschen besonders nahe. Ein wahrer Wunderbaum, der berühmte Riese bei Lusenegg mit seinem Umfang von elf Metern soll an die zweitausend Jahre alt sein. Wenn das kein Urvater ist?

»Vom Holz des Köstenbaumes wird behauptet, es brauche sieben Jahre zum Austrocknen. Humorvolle und teilweise sehr ernsthafte Ansichten bestehen jedoch um die Früchte selbst, beißend und auf trinkfeste Leute gemünzt ist folgender Spruch: Durstige Leut haben an Köstenigel im Bauch, und wenn er nit schwimmt, so stupft (sticht) er.

Nach volksreligiösen Ansichten gilt der stacheliche Kastanien-Igel als Symbol der weiblichen Fruchtbarkeit.« (Fink)

Der Buchweizen und das schwarzplentene Knödelrezept

Noch vor wenigen Jahren zählte der Buchweizen, hier »Schwarzplent« genannt, zu den wichtigsten Nahrungsmitteln der Klausner Gegend. Nach der Getreideernte bauten ihn die Bauern in den mittleren Gebirgslagen allerorts an. Seine zur Blütezeit lachsrot leuchtenden Felder waren und sind (er verschwand nie völlig und kommt gar neuerlich wieder mehr zu seinem Recht) eine Zierde der Landschaft.

Bei den Bauern und sehr vielen »Stadtlern« wurde schwarzplentenes Mehl unter der Woche täglich mindestens einmal verzehrt, in Form von Mus, als »Riebler«, als »Kaasnocken« (freitags) und hauptsächlich als Speckknödel. Alle Verwendungsarten sind für den einheimischen Kenner von köstlichstem Geschmack, wenn auch verzärtelten Mägen nicht unbedingt zu empfehlen. Nur sonntags gab es auf den Familientischen den weißen (weizenen) Tiroler Knödel und oft genug danach als Süßspeise noch schwarzplentenen Kuchen oder Torte von vorzüglich nußartigem Aroma.

Das echte, alte, von den Bauern selbst gemahlene Mehl enthielt immer eine Spur von Sand, der gelegentlich beim Essen leicht zwischen den Zähnen knirschte; das machte aber nichts, es galt als gesund.

Unter den vielen Originalrezepten für den »Schwarzen Knödel« hier das »klausnerischste« (nach Tante Bertl H.):

»Einen Kilo feines schwarzplentenes Mehl in eine weite Schüssel geben, darauf nach Belieben (aber mindestens 100—150 g) zerlassene Butter und ein Viertel Liter Wasser gießen sowie eine reichliche Handvoll gut zerkleinerten Spinat und Schnittlauch (oder Porree) samt 300 g nicht zu klein gewürfeltem Tiroler Speck hinzufügen.

Salzen. Alles gut mischen und ungefähr 9—10 Knödel daraus formen, nicht mehr! Schwarzplentene Knödel müssen ein gutes Stück größer als die weizenen sein.

Nachdem sie gekocht sind, serviert man den ersten Knödel gerne in Fleischsuppe (oder der eigenen Kochsuppe), die weiteren mit Salat, »Beuschl« (Lunge, Herz und Kronfleisch vom Kalb), Kraut in diversen Zubereitungen oder Rettich.

Almabtrieb

Der Almabtrieb, die Rückführung des gesommerten Viehes in die dörflichen Ställe, ist ein Ereignis von größter Bedeutung für die Bauern. Nach altem Brauch werden die Tiere vor dem Abtrieb sorgfältigst geputzt und gestriegelt und auch mit Kränzen und Geflechten geschmückt. Ehe man die Türen der Schwaigen (Almhütten) versperrt, sprengt man in allen Räumen, über die Tische und die Herdstelle Weihwasser. Dann geht es dem heimatlichen Dorf zu.

Klausen hat seinen schönsten und echtesten Almabtrieb noch in der Nachbargemeinde Lajen. In Latzfons geht der eigentliche Abtrieb still vor sich, wird aber an einem Sonntag — anläßlich eines großen Herbstfestes mit wenig Vieh und einigen »Kuchelwagen« (Küchenwagen) — symbolisch wiederholt.

Allerheiligen — Beginn der »Törggelezeit«

Bis zu Allerheiligen blühen in Klausen gewöhnlich die letzten Rosen. An diesem Tag schenken nach altem Brauch »Göt« und »Götin« (Patenonkel und Pantentante) den Patenkindern speziell angefertigte Figuren aus »Prezedèi« (süßes Kaffeeweißbrot), und zwar den »Gitschelen« (Mädchen) eine Henne, den »Bubelen« ein Roß.

Für Allerheiligen werden alle Gräber sorgfältig hergerichtet und geschmückt. Nirgends fehlen die Kerzen. Zur Mittagsstunde hallt das »Seelenausläuten« vom Kirchturm. Es heißt, dies sei das Zeichen für die Armen Seelen, auf einen Tag — bis zum nachfolgenden Allerseelentag also — zu den Lebenden zurückzukehren.

Die große Totenmesse wird gelesen, und unter den ernsten Klängen der von der Stadtkapelle vorgetragenen Trauerweisen zieht alles in Prozession zum Friedhof. Hier an den Gräbern ihrer Lieben treffen sich auch entfernt lebende Verwandte wenigstens einmal im Jahr.

Spätnachmittag und Abend des gleichen Tages sehen nun völlig anders aus als sein gemessener erster Teil. Denn ausgerechnet Allerheiligen, der Trauertag des Jahres, ist zugleich Beginn der überaus lustigen »Törggelezeit« (Zeit der Weinkost; »Törggelen« kommt von Torggl, der Weinpresse). Im Lichte der sinkenden Spätherbstsonne fallen die Menschen erwartungsfroh in die Stuben und Keller der Weinhöfe ein, die als »Buschenschank« bekannt sind (und früher zum Zeichen, daß hier neuer Wein ausgeschenkt wird, einen grünen Buschen über ihrer Haustüre aufgesteckt hatten). Nun wird der »Nuie«, der vorerst noch der Süße ist, verkostet; hartes, gewürztes Brot, Tiroler Speck, Würste und Käse nebst Nüssen und gebratenen Kastanien gibt es dazu. Es ist eine wahrhaft fröhliche Zecherei zu Allerheiligen, und niemand drückt deswegen das Gewissen — denn heute fühlt man sich in Gesellschaft der Lieben, die schon vor uns gegangen sind.

Festliche Veranstaltungen und Vereine

Der Klausner, ob jung oder alt, gleich welchen Berufs, erfreut sich gerne an den verschiedenen Festtagen und deren Veranstaltungen. Vielen bieten sie Gelegenheit, dann in den Reihen ihrer Vereine oder Verbände aufzumarschieren, gewandet in die fast immer prächtigen und zumeist altüberkommenen Trachten. Ja, es wäre undenkbar, in Klausen ein Fest zu begehen und den forschen Klängen der Ortskapelle zu lauschen, ohne nicht gleichzeitig auch die geschmackvoll neugestalteten Uniformen der Musikanten vor Augen zu haben.

Besonders schön wird der Anblick, wenn auch auswärtige Musiker in bunten Röcken und Hüten zu Gast sind.

Seit wenigen Jahren mischen sich wieder unter die Musikuniformen und die bäuerlichen Trachten die der Schützen, deren hiesige Kompanie erst kürzlich neu ins Leben gerufen worden ist.

Ein Wort mehr über sie, denn Klausner haben sich seit jeher hervorragend in ihren Reihen bewährt: Die Geschichte des Tiroler Schützenwesens ist über die Maßen bemerkenswert und verzeichnet viele ruhmreiche Begebenheiten. In seiner besten Form stellte es die Landesverteidigung auf der Basis allgemeiner Wehrpflicht dar und wurde bereits im Jahre 1511 in dieser Funktion durch Kaiser Maximilian I., im sogenannten Landlibell, bestätigt. Die freien Tiroler Bauern selbst bildeten die Kampfeinheiten unter ebenfalls von ihnen bestimmten Anführern (Offizieren). Kein Tiroler durfte außerhalb des Landes Wehrdienst leisten.

Ihre bekanntesten Taten vollbrachten sie 1809 unter Andreas Hofer gegen die Franzosen und Bayern. Zur damaligen Zeit wurden sehr viele Kämpfer — und Kämpferinnen! — der Klausner Gegend hoch belobigt und ausgezeichnet. Die hervorstechendste Persönlichkeit unter den Klausner Schützen war ein Kapuziner. »Der aus dem Gsieser Tal stammende Pater Joachim Haspinger kämpfte schon damals (1797) bei Salurn und Spinges und brach wiederum (gegen den Willen seiner Obrigkeit! Anm. der Verfasserin) im Heldenjahr (1809) aus der Stille des Klausner Klosters, dem er angehörte, zu den Schlachten am Bergisel auf; er führte den Landsturm von Klausen auch bei den Kämpfen in der ‚Sachsenklemme' bei Franzensfeste« (Rampold).

Ein Haspinger-Denkmal aus der Hand des Klausner Meisters Joseph Piffrader steht heute auf der Eisackpromenade.

Die heutigen Schützen sind freilich nicht mehr bewaffnet; man sollte sie deswegen aber nicht als »Trachtenschützen« abtun.

Sie beabsichtigen, die bedeutende Tradition ihrer Väter im kulturellen Sinn weiterzupflegen.

Die Bürgerkapelle

1979 feierte die Bürgerkapelle in Klausen ihr hundertfünfzigjähriges Bestehen. Aber das besagt beileibe nicht, daß man hier erst seit 1829 Musik macht. Viel, viel früher war das bestimmt auch schon der Fall. Man besitzt urkundliche Hinweise auf eine weit ältere Schützenmusik... Die Bezeichnung Bürgerkapelle datiert erst seit dem Ersten Weltkrieg; vorher sprach man von einem Musikverein, ja von einer Harmoniekapelle. Neben der eigentlichen Stadtmusik gab es sicher auch andere musikalische Initiativen. So lädt 1901, auf einer noch vorhandenen Karte, das neugegründete Streichorchester Klausens (15 Mann) zum Konzert mit anspruchsvollem internationalem Programm. Keines seiner Mitglieder lebt heute noch, doch erinnert man sich an die meisten sehr gut und weiß, daß es hochbegabte Kräfte waren.

Die Musiker der Stadtkapelle zu befragen, wann und wo sie mit ihrem Klangkörper besonders hervorgetreten sind, ist müßig. Sie waren und sind immer überall dabei und stehen nur allzuoft im Mittelpunkt.

Nikolaus-Vorabend

Am 5. Dezember — am Vorabend seines Festtages — k o m m t nicht bloß der hl. Nikolaus nach Klausen — er herrscht dann hier.

Längst schon haben die Kinder nachzugrübeln begonnen, ob sie das vergangene Jahr über wohl brav genug waren, um sich von ihm eine kleine Gabe verdient zu haben, oder ob sie lediglich von einem der ihm vorausschwärmenden »Krampusse« (Teufeln) eins mit der Rute übergezogen bekommen werden.

Nicht ganz sauberes Gewissen hin, Gewissen her — fast jedes Kind riskiert es schließlich, schon während der Abenddämmerung im Rudel mit anderen Kindern in die Gassen zu laufen, um ungeduldig den Anblick des strahlenden Nikolaus mit seinen zarten Engeln und die furchterregenden, schwarzgehörnten, ihre roten Zungen lang heraushängenlassenden, wild kettenklirrend herumspringenden, mit Peitschen und Ruten um sich schlagenden »Krampusse« zu erwarten.

Besonders kühne Kleine machen spähtruppähnliche Vorstöße in die Richtung, aus welcher der Zug kommen müßte. Man hört ihr aufgeregtes Geschrei: Sie kommen noch nicht! Oder endlich — mit dem Herzen im Hals — Sie kommen!

Ziehen dann endlich, nach Eintritt der Dunkelheit, die Himmlischen in stiller Pracht, die Unterirdischen aber mit Geheul und Gebrüll daher, und haben letztere (die schließlich erwarteten) »Wischer« mit den Ruten verteilt, dann schmecken die bescheidenen Süßigkeiten aus der Hand des Heiligen um so besser.

Männern der Freiwilligen Feuerwehr — der Bewunderung und Dank gebührt für ihren unermüdlichen, selbstlosen Einsatz bei Katastrophenfällen jeglicher Art — steht hier wieder das Verdienst zu, das schöne Brauchtum um den hl. Nikolaus fortleben zu lassen.

Begrüßenswert ist, daß in dem Klausen benachbarten Dörfchen Gufidaun seit 1967 ein interessantes zeitgemäßes »Eisacktaler Nikolausspiel« aufgeführt wird.

Fasching

Es gibt keine Art, den Fasching besonders »klausnerisch« zu feiern; man begeht ihn hier wie andernorts. Die Kinder springen maskiert in den Gassen und auf der Eisackpromenade umher oder begeben sich ins Kulturhaus, wo der »Circolo di Cultura Sabiona« oder die Katholische Jugend für sie an getrennten Tagen — damit sie an beiden teilnehmen können — liebevoll Kinderfeste abhält. In den Gasthöfen werden für die Erwachsenen abends die üblichen Maskenbälle veranstaltet, und manches Jahr — wenn sich gewisse Komitees dazu aufraffen (es ist auch eine Frage der Finanzen) — wird am Faschingsdienstag ein toller Umzug, bestehend aus »historischen« Festwagen und mehr oder weniger närrischen Kostüm- und Trachtengruppen, vorgeführt.

Ist dies der Fall, kommen Gäste und Zuschauer aus allen Landesteilen, und man kann sich dann in der Stadt kaum mehr rühren.

Das Volkstheater

Der Beginn der Klausner Volkstheatertradition ist nicht ermittelbar. Jeder Klausner erinnert sich aber aus Kindertagen daran, was gespielt wurde, wie s c h ö n und wie unvergleichlich gut der- oder diejenige in gewissen Rollen waren.

Nicht das Kino (das in Klausen überhaupt nie recht Fuß fassen konnte!) und auch nicht das Fernsehen vermochten bisher dem Volkstheater ernstlich Konkurrenz zu machen. Dieses besondere kreative Vergnügen lassen sich eben weder Schauspieler noch Zuschauer nehmen. Welche »Hetz« könnte größer sein, als sich selbst oder nahe Freunde und Verwandte in ungewohnt knifflig-heiteren oder dramatischen Situationen zu sehen?

Geboten werden vorzugsweise im Gebirge spielende Volksstücke. — Sitz der Bühne ist nun nicht mehr der alte Gesellenhaussaal, sondern das moderne Kulturhaus.

Die bäuerliche Kulturlandschaft

Es darf keinen Zweifel darüber geben, die Klausner Landschaft mit ihrer kleinen Stadt ist nicht Ackerland zwischen Großsiedlungen, nicht Grünzone zu irgend etwas gehörig — zu noch bestehender oder ehemaliger Domäne etwa —, nicht Vor- oder Hinterland anderer Gegenden; sie ist selbständiges Bauernland.

Nicht der dem Boden gar nicht oder kaum verbundene Stadtmensch prägte ihr Wesen, sondern der schwereinhergehende Bauer. Kurzum, das Land gehört nicht zur Stadt, sondern die Stadt zum Land.

Mancher wird einwenden, der letzte Satz sei — heutzutage — gewagt. Ganz recht, zumeist; aber hier stimmt er noch. Und wenn sich durch weitergehende Neuerungen die Situation genau umkehren würde, bliebe es mehr als fraglich, ob das eine Verbesserung bedeute. Sehen wir:

Der Bauernstand mit seiner Kultur als absolute Ursubstanz des Landes, die den wenigsten Veränderungen ausgesetzte soziale Schicht, war bis gestern das Maß aller Dinge.

War? — Ja, es stimmt: war. Auch bei uns haben natürlich neue Wertbegriffe ein lautes Wort zu reden begonnen. Wir sind, bereits von der bisherigen Tradition abgedrängt, schon nur noch in ihrem Soge, im Sog einer Kraft ohne Zukunft; darum ist es gut, schnell nachzudenken, wohin wir uns künftig wenden wollen. Wir müssen dringend in uns selbst nachfühlen, wie und wo und in welchem Lebensrahmen wir uns künftig am meisten als Menschen und daheim zu fühlen vermögen; Aber dieser Gedanke soll hier nicht vertieft werden.

Wenden wir uns wieder der Beschreibung der bäuerlichen Kulturlandschaft zu, die immer noch unser Aufenthaltsort ist; man verarge es uns dabei nicht, wenn wir dem äußeren Bild größten Raum lassen, glauben wir doch, es sei Ausdruck des inneren und zugleich wieder bestimmend für das innere.

M. Rudolph-Greifenberg beschreibt Klausens Siedlungslandschaft wie folgt: »Aus dem Zusammenklang von Natur und Architektur entsteht die einmalige Wirkung, welche das Bild des Landschaftsraumes von Klausen ausübt. Fluß, Brücke, alte Stadt und Burg, Fels und bekrönende Baugruppe in der Höhe: eine Vielfalt von Erscheinungen und Formen!

Zur Besonderheit des Gesamtbildes gehören auch die Berghänge ringsum, gestaltet und gegliedert durch eine Fülle von Bauten, Weinbergen, Baumgruppen und Obstkulturen.

Welch ein Reichtum! Welch vollendete Siedlungslandschaft! Hier schuf das Tiroler Volk eines seiner schönsten Werke der Nutzung und Wohnbarmachung der Bergwelt. Künstlerisch empfunden bis in die Einzelheiten.

Wie sich Haus und Baum, Mauern und Terrassen, Weinpergeln und heckenumfriedete Äcker in die Falten des Gebirges schmiegen, erscheint bewunderungswürdig. Überall umfangen uns Plätze der Geborgenheit, heimelig anmutende Winkel. Ein Mosaik von kleinen und kleinsten Räumen, von versteckt unter breitästigen Baumkronen ruhenden Wohnstätten. Jahre würde man brauchen, wollte man alle diese reizvollen Situationen kennenlernen und aufnehmen.

Vom Talboden des Eisack bis zum hohen Bergwald unter den Felszinnen ziehen sich die großen Berggemeinden hinauf, über Höhendifferenzen von 800 bis 1000 Meter. Charakteristisch ist ihre Gliederung: in mittlerer Lage weithin sichtbar das Gemeindezentrum mit Kirche, spitzen Turmhelmen, stattlichen Bauten. An sonnigen fruchtbaren Hängen darunter die Weinbauernhöfe, eingebettet zwischen Weinterrassen, Obstwiesen und Edelkastanien. Oberhalb davon Weiler und Einzelhöfe an größeren Ackerflächen, und in den hohen Lagen die Grünlandhöfe am Wald.

Eindrucksvolle Siedlungsbilder bieten in diesem Aufbau die Mittelgebirgsflächen nördlich von Klausen mit Feldthurns und Verdings sowie westlich die in ununterbrochener Folge bebauten Hänge von Villanders und der südlich anschließende Bereich von Barbian. Einen Raum für sich bildet östlich das ungemein reizvolle Gufidaun an Hügeln, Weinbergen und Wäldern, während das weite Siedlungsgebiet von Lajen in einem geschlossenen Bergdorf auf der Höhe dominiert und mit Weilern und Einzelhöfen ins Eisacktal und zur Grödner Schlucht hinunterreicht. —

Der stärkste Eindruck geht von den vielen kleinen Baugruppen, den alten Edelsitzen und Einzelhöfen aus. Mit feinem Gefühl sind sie der Landschaft eingeordnet als deren bestimmende Akzente.«

Wer würde nicht begreifen wollen, daß ein solches Gefüge, in dem bisher Menschen aller Stände — praktisch klassenlos — harmonisch miteinander leben und fruchtbar wirken konnten, nicht unüberlegt den Tagesneuerungen und sogenannten zeitgerechten Nutzungsabsichten zur »Weiterentwicklung« überlassen werden darf?

Geschehe es dennoch, wäre eine vernichtende Aushöhlung der alles tragenden bäuerlichen Kraft die Folge, und der Übergang vom wertvollsten menschlichen Lebens- und Schaffensraum zur industriellen Ausbeutungszone wäre beschritten.

Säben — die Akropolis von Tirol

Wie das Zentrum Klausens in uralten Mauern sein Heute lebt

Die Herz-Jesu-Feier — ein hohes Fest des Kirchenjahres

Kunst und Volkskunst in Klausen

Handwerk, Handel und Industrie

Skizzen und frohe Momente

Die Natur umgibt die Menschen als gewaltiges Zeugnis der Schöpfung

Markt in Klausen

... und abermals die Natur

Der heimelige Zauber des Winters

Grundsätzliche technische Hinweise zu den Fotos

Alle Aufnahmen dieses Buches wurden mit der Minolta-Kamera XG 2 gemacht. Die Objektive waren: MD W Rokkor 28 mm f/2,8; MD Rokkor 50 mm f/1,7; MD Tele-Rokkor 135 mm f/5,6; MC Tele-Rokkor 300 mm f/5,6.
Der benutzte Film war immer Kodak Extrachrome 64.
Bei Innenaufnahmen dienten die Osram-Leuchten Studio SLV 1000.
Geblitzt wurde mit Metz-Blitz 402.

Wo immer möglich, stand die Kamera auf einem Stativ.
Obwohl die Minolta XG 2 mit Belichtungsautomatik arbeitet, werden die jeweils zutreffenden Belichtungszeiten hier angegeben.

1
Spitalkirche mit Kloster Säben im Frühling
Mai, Vormittag / Rokkor 50 mm / 1/125 - f 16 / Skylightfilter 1 A

2
Spitalkirche mit Säben im Sommer
Juni, schlechtes Wetter / Rokkor 50 mm / 1/30 - f 8 / Skylightfilter 1 A

3
Kloster Säben
Juli 17 Uhr / Rokkor 135 mm / 1/125 - f 11 / Skylightfilter 1 A

4
Klosterbau mit Klosterkirche, Heiligkreuzkirche, Kassianturm und Ringmauer
Juli 9 Uhr / Rokkor 300 mm / 1/60 - f 22 / Skylightfilter 1 A

5
Liebfrauenkirche mit Herrenturm und Ringmauer
Juli 9 Uhr / Rokkor 300 mm / 1/60 - f 22 / Skylightfilter 1 A

6
Kloster Säben
Mai 8 Uhr / Rokkor 300 mm / 1/60 - f 22 / Skylightfilter 1 A

7
Garten des Klosterschaffers
September, Nachmittag / Rokkor 50 mm / 1/125 - f 5,6 / Skylightfilter 1 A

8
Steintreppe zur Heiligkreuzkirche
Rokkor 28 mm / 2 - f 16 / Skylightfilter 1 A

9
Innenraum der Heiligkreuzkirche mit illusionistischer Malerei
Rokkor 28 mm / 1/2 - f 16

10
Klausner Panorama
Mai 8 Uhr / Rokkor 28 mm / 1/60 - f 16 / Skylightfilter 1 A

11
Ansicht mit Pfarrkirche, Schloß Branzoll und Säben
Juli 17 Uhr / Rokkor 50 mm / 1/30 - 1/60 - f 16 / Skylightfilter 1 A

12
Balkon mit Geranien
Juli 17 Uhr / Rokkor 135 mm / 1/125 - f 8

13
Getäfelte Stube
Studioleuchten 4000 Watt (3400 Kelvin) / Rokkor 28 mm / 1/30 - f 8 / Konversionsfilter 80 B

14
Familie beim Essen schwarzplentener Knödel
Studioleuchten 4000 Watt (3400 Kelvin) / Rokkor 28 mm / 1/30 - f 5,6 / Konversionsfilter 80 B

15
Torgglkeller
Studioleuchten 4000 Watt (3400 Kelvin) / Rokkor 28 mm 1/4 - f 5,6 / Konversionsfilter 80 B

16
Gärten und Häuser der Oberstadt
Juli 9 Uhr / Rokkor 28 mm / 1/125 - f 16 / Skylightfilter 1 A

17
Säben mit Baum im Vordergrund
September 16 Uhr / Rokkor 50 mm / 1/125 - f 8 / Skylightfilter 1 A

18
Laterne zwischen alten Mauern
August 17 Uhr / Rokkor 50 mm / 1/125 - f 5,6 / Skylightfilter 1 A

19
Stadtgasse
August, Vormittag / Rokkor 28 mm / 1/125 - f 8 / Polarisationsfilter

20
Blick auf Klausen
September 16 Uhr / Rokkor 50 mm / 1/125 - f 8 / Skylightfilter 1 A

21
Ehemaliger Walthersaal im alten Gasthof Lampl
Studioleuchten 4000 Watt (3400 Kelvin) / Rokkor 28 mm / 1 - f 8 / Konversionsfilter 80 B

22
Färbergasse
Juli 10 Uhr / Rokkor 28 mm / 1/60 - f 11 / Polarisationsfilter

23
Der Spazierwegpfleger
Juli 18 Uhr / Rokkor 135 mm / 1/125 - f 5,6

24
Mühlgasse
Juli 10 Uhr / Rokkor 50 mm / 1/125 - f 5,6 / Skylightfilter 1 A

25
Mühlgasse
Juli 10 Uhr / Rokkor 50 mm / 1/60 - f 8 / Skylightfilter 1 A

26
Pfarrkirche und Häuser der Unterstadt
Juli 9.30 Uhr / Rokkor 300 mm / 1/125 - f 16 / Skylightfilter 1 A

27
Bahnwärterhaus
September 17 Uhr / Rokkor 50 mm / 1/60 - f 16 / Skylightfilter 1 A

28
Aufgang nach Säben
Juli, Vormittag / Rokkor 50 mm / 1/30 - f 11 / Skylightfilter 1 A

29
Kruzifix beim Aufgang nach Säben
September 16 Uhr / Rokkor 135 mm / 1/125 - f 4

30
Brixner Tor
August 17 Uhr / Rokkor 28 mm / 1/125 - f 11 / Skylightfilter 1 A

31
Oberstadt
August 16 Uhr / Rokkor 28 mm / 1/60 - f 16 / Skylightfilter 1 A

32
Oberstadt
August 16 Uhr / Rokkor 50 mm / 1/30 - f 16 / Skylightfilter 1 A

33
Fasching
Februar 16 Uhr / Rokkor 135 mm / 1/125 - f 4 /

34
Fasching
Februar, Nachmittag / Rokkor 135 mm / 1/60 - f 5,6

35
Häuser der Oberstadt mit Schloß Branzoll
November 11 Uhr / Rokkor 50 mm / 1/125 - f 8 / Skylightfilter 1 A

36
Herz-Jesu-Sonntag, Musikanten
Juni, Vormittag / Rokkor 135 mm / 1/60 - f 5,6

37
Herz-Jesu-Sonntag, Prozession mit Erstkommunikanten
Juni, Vormittag / Rokkor 135 mm / 1/125 - f 8 / Skylightfilter 1 A

38
Herz-Jesu-Prozession, das Allerheiligste
Juni, Vormittag / Rokkor 135 mm / 1/125 - f 8 / Skylightfilter 1 A

39
Herz-Jesu-Sonntag, Ministranten
Juni, Vormittag / Rokkor 135 mm / 1/60 - f 5,6 / Skylightfilter 1 A

40
Herz-Jesu-Sonntag, Meßfeier im Freien
Juni, Vormittag / Rokkor 135 mm / 1/60 - f 5,6 / Skylightfilter 1 A

41
Trachtenträger
Juni, Vormittag / Rokkor 135 mm / 1/125 - f 8 / Skylightfilter 1 A

42
Herz-Jesu-Sonntag, während der Meßfeier
Juni, Vormittag / Rokkor 135 mm / 1/125 - f 8 / Skylightfilter 1 A

43
Andächtige Frauen
Juni, Vormittag / Rokkor 135 mm / 1/125 - f 5,6 / Skylightfilter

44
Loretoschatz
Studioleuchten 4000 Watt (3400 Kelvin) Rokkor 28 mm / 1 - f 5,6 / Konversionsfilter 80 B

45
Wappen der Klosterstifterin Maria Anna von Spanien an der Kapuzinerkirche
Februar, Nachmittag / Rokkor 135 mm / 1/125 - f 8

46
Wappen des Bischofs Melchior von Möckau, am mittelalterlichen Zollhaus
August 17 Uhr / Rokkor 135 mm / 1/60 - f 8

47
Die Trostburg bei Waidbruck unter Klausen
Mai 16 Uhr / Rokkor 135 mm / 1/60 - f 16 / Skylightfilter 1 A

48
Fürstenzimmer im Schloß Velthurns bei Klausen
Studioleuchten 4000 Watt (3400 Kelvin) / Rokkor 28 mm / 1 - 5,6 / Konversionsfilter 80 B

49
Kruzifix von Hans Piffrader (Detail)
Rokkor 300 mm / 1/30 - f 16

50
Lebensrad in der Friedhofskapelle von Verdings
Rokkor 28 mm / 1/4 - f 16 / Skylightfilter 1 A

51
Pestbildstock im Ortsteil Frag
August 18 Uhr / Rokkor 135 mm / 1/30 - f 16

52
Relief einer Grablegung Christi, in der Pfarrkirche (Hans Reichle zugesprochen)
Metz-Blitz 402 / Rokkor 50 mm / 1/30 - f 8

53
Detail des Kirchengemäuers in Gufidaun bei Klausen
Juni, Vormittag / Rokkor 135 mm / 1/125 - f 8 / Skylightfilter 1 A

54
Verdingser in ihrer Kirche
3 Metz-Blitze 402 (indirekt) / Rokkor 50 mm / 1/60 - f 8

55
Im Garten von Rechegg
September 15 Uhr / Rokkor 135 mm / 1/125 - f 5,6

56
Schafschur
September, Nachmittag / Rokkor 135 mm / 1/250 - f 5,6

57
Handgenähte ‚Kinderpatschln' aus Stoffresten
Rokkor 50 mm / 1/125 - f 5,6

58
Frau am Spinnrad
August 16 Uhr / Rokkor 50 mm / 1/60 - f 8 / Skylightfilter 1 A

59
Schneiderwerkstatt
2 Metz-Blitze 402 (innen, indirekt) / Rokkor 50 mm / 1/60 - f 8

60
Spenglergeschäft
2 Metz-Blitze (indirekt) / Rokkor 28 mm / 1/60 - f 8

61
Allerheiligengebäck
Studioleuchten 3000 Watt (3400 Kelvin) / Rokkor 50 mm / 1/60 - f 5,6 / Konversionsfilter 80 B

62
Kunstschlosser bei der Arbeit
Studioleuchten 4000 Watt (3400 Kelvin) / Rokkor 28 mm / 1/2 - 1 - f 8 / Konversionsfilter 80 B

63
Industriebetrieb
März, früher Nachmittag / Rokkor 300 mm / 1/250 - f 8 / Skylightfilter 1 A

64
Eisenbahn
August 17 Uhr / Rokkor 28 mm / 1/60 - f 8 - Skylightfilter 1 A

65
Mädchen auf dem Schwimmbadlöwen
August 16 Uhr / Rokkor 135 mm / 1/500 - f 5,6

66
Feriengäste
August, Nachmittag / Rokkor 135 mm / 1/125 - f 8 / Skylightfilter 1 A

67
Waldstück mit Lupinien
Juni 9 Uhr / Rokkor 50 mm / 1/60 - f 16 / Skylightfilter 1 A

68
Alte Frauen im Spätsommer
September 17 Uhr / Rokkor 50 mm / 1/250 - f 4

69
Theaterszene der Klausner Volksbühne
Studioleuchten 3000 Watt (3400 Kelvin) / Rokkor 28 mm / 1/125 - f 4 / Konversionsfilter 80 B

70
Zeltfest
Spätnachmittag / Rokkor 135 mm / 1/60 - f 5,6

71
Zeltfest
Spätnachmittag / Rokkor 135 mm / 1/125 - f 4

72
Zeltfest
Spätnachmittag / Rokkor 135 mm / 1/125 - f 5,6

73
Zeltfest
Spätnachmittag / Rokkor 135 mm / 1/125 - f 4

74
Almabtrieb in Latzfons bei Klausen
Oktober, Nachmittag / Rokkor 135 mm / 1/125 - f 11 / Skylightfilter 1 A

75
Latzfonser Herbstfest
Oktober 17 Uhr / Rokkor 135 mm / 1/125 - f 8

76
Zuschauer beim Almabtrieb in Latzfons bei Klausen
Oktober, Nachmittag / Rokkor 135 mm / 1/250 - f 11 / Skylightfilter 1 A

77
Latzfonser Söller mit Nagelen (Nelken)
Oktober, Nachmittag / Rokkor 135 mm / 1/125 - f 11 / Skylightfilter 1 A

78
Marketenderinnen und Schützen
Vormittag / Rokkor 135 mm / 1/125 - f 8

79
Kastanienwäldchen
Oktober, früher Nachmittag / Rokkor 28 mm / 1/60 - f 16 / Skylightfilter 1 A

80
Blick ins Villnößtal mit Geislerspitzen. Vorn rechts, Schloß Summersberg in Gufidaun bei Klausen
Oktober, Vormittag / Rokkor 50 mm / 1/60 - f 16 / Polarisationsfilter

81
Ranujer Kirchlein im Villnößtal bei Klausen, darüber die Geislerspitzen
Oktober 16 Uhr / Rokkor 50 mm / 1/60 - f 16 / Polarisationsfilter

82
Blick von der Villanderer Alm bei Klausen auf die Grödner Dolomiten
Oktober, Nachmittag / Rokkor 50 mm / 1/60 - f 16 / Polarisationsfilter

83
Villanderer Alm bei Klausen
Oktober, Nachmittag / Rokkor 50 mm / 1/60 - f 16 / Polarisationsfilter

84
Blick von Villanders bei Klausen gegen Süden mit Schlern
Oktober, Nachmittag / Rokkor 50 mm / 1/30 - f 16 / Polarisationsfilter

85
Blick nach Norden in den Brixner Talkessel, von Gufidaun aus
Oktober, Vormittag / Rokkor 50 mm / 1/125 - f 16 / Polarisationsfilter

86
Friedhof
November, abends / Rokkor 50 mm / 2 - f 8 / Skylightfilter 1 A

87
Weinbauer
Oktober, Nachmittag / Rokkor 135 mm / 1/125 - f 5,6 / Skylightfilter 1 A

88
Säbner Stationsweg
November 15 Uhr / Rokkor 50 mm / 1/125 - f 11 / Skylightfilter 1 A

89
Weinpergeln
November 15 Uhr / Rokkor 50 mm / 1/125 - f 5,6 / Skylightfilter 1 A

90
Trauerzug
März 16 Uhr / Rokkor 300 mm / 1/125 - f 8 / Skylightfilter 1 A

91
Blick auf Klausen
Jänner 11.15 Uhr / Rokkor 50 mm / 1/60 - f 16 / Skylightfilter 1 A

92
Marktszene
November, Vormittag / Rokkor 135 mm / 1/125 - f 5,6

93
Marktszene
November, Vormittag / Rokkor 135 mm / 1/125 - f 5,6

94
Marktszene
November, Vormittag / Rokkor 135 mm / 1/125 - f 8 / Skylightfilter 1 A

95
Der Stadtpolizist
November, Vormittag / Rokkor 135 mm / 1/125 - f 5,6 / Skylightfilter 1 A

96
Kastanienbrater auf dem Markt
November, Vormittag / Rokkor 135 mm / 1/125 - f 4 / Skylightfilter 1 A

97
Marktszene mit Sarner Bauer
Juni, Vormittag / Rokkor 135 mm / 1/125 - f 4 / Skylightfilter 1 A

98
Blick von den Lüsner Wiesen auf die Plose
November, Vormittag / Rokkor 50 mm / 1/60 - f 16 / Polarisationsfilter

99
Säbner Berg mit verschneiter Latzfonser Alm
November, Nachmittag / Rokkor 50 mm / 1/60 - f 16 / Skylightfilter 1 A

100
Säben von Villanders aus mit Plose
November, Vormittag / Rokkor 135 mm / 1/60 - f 16 / Polarisationsfilter

101
Säben mit Lärche im Vordergrund
November, Nachmittag / Rokkor 50 mm / 1/60 - f 16 / Skylightfilter 1 A

102
Blick von Tschövas gegen Süden
September, Nachmittag / Rokkor 50 mm / 1/60 - f 8 / Skylightfilter 1 A

103
Villanderer Berg von Klausen aus
November, Vormittag / Rokkor 50 mm / 1/125 - f 16 / Skylightfilter 1 A

104
Blick auf Teis
Jänner, Nachmittag / Rokkor 50 mm / 1/15 - f 16 / Skylightfilter 1 A

105
Felsgruppe in den Geislerspitzen
Dezember, Vormittag / Rokkor 300 mm / 1/125 - f 11 / Skylightfilter 1 A

106
Winterpanorama von Klausen
Februar, Nachmittag / Rokkor 28 mm / 1/250 - f 16 / Skylightfilter 1 A

107
Sonnenaufgang
Juni 6 Uhr (schlechtes Wetter) / Rokkor 300 mm / 1/30 - f 11

108
Thinneplatz bei Nacht
Dezember 18 Uhr / Rokkor 28 mm / 30 - f 8

109
Nikolaus mit Engel
Dezember 18 Uhr / 2 Metz-Blitze / Rokkor 135 mm / 1/60 - f 8

110
Kutsche mit Nikolaus
Dezember 19 Uhr / Metz-Blitz 402 / Rokkor 50 mm / 1/60 - f 5,6

111
‚Krampus' (Teufel)
Metz-Blitz 402 / Rokkor 50 mm / 1/60 - f 5,6

112
Nachtaufnahme in Klausen
Dezember 5 Uhr / Rokkor 28 mm / 11 - f 5,6 / Skylightfilter 1 A

113
Ansitz Griesburg, die Gloriette
Februar, Vormittag / Rokkor 50 mm / 1/60 - f 11 / Skylightfilter 1 A

114
Ansitz Griesburg, Fassade
Februar, Vormittag / Rokkor 50 mm / 1/60 - f 8 / Skylightfilter 1 A

115
Ansitz Griesburg, Treppe zur Gloriette
Februar 15 Uhr / Rokkor 135 mm / 1/125 - f 8 / Skylightfilter 1 A

116
Mühlgasse
Februar, Nachmittag / Rokkor 28 mm / 1/60 - f 11 / Skylightfilter 1 A

117
Spenglerhaus
Februar 14 Uhr / Rokkor 50 mm / 1/60 - f 11 / Skylightfilter 1 A

118
Bemalte Front des neuen Mittelschulgebäudes
Februar, Nachmittag / Rokkor 300 mm / 1/60 - f 11 / Skylightfilter 1A

119
Mädchen mit Schirm
Februar, Vormittag 9.30 / Rokkor 50 mm / 1/60 - f 5,6 / Skylightfilter 1 A

120
Liebfrauenkirche im Schnee
Jänner, Vormittag / Rokkor 135 mm / 1/30 - f 11 / Skylightfilter 1 A

121
Im Schneegestöber
Februar, Vormittag / Rokkor 50 mm / 1/30 - f 8 / Skylightfilter 1 A

122
Geschmiedetes Grabkreuz mit Kerzenanzünderin
Dezember 18 Uhr / Rokkor 50 mm / 1/30 - f 2,8 / Skylightfilter 1 A

123
Christbaum vor Schloß Branzoll
Dezember 7 Uhr / Rokkor 300 mm / 7 - f 5,6 / Skylightfilter 1 A